龍谷大学善本叢書 33

龍谷大学
仏教文化研究所編

龍谷大学善本叢書 33

中世国語資料集

責任編集 藤田保幸

思文閣出版

平成二十九年度出版

（一オ）

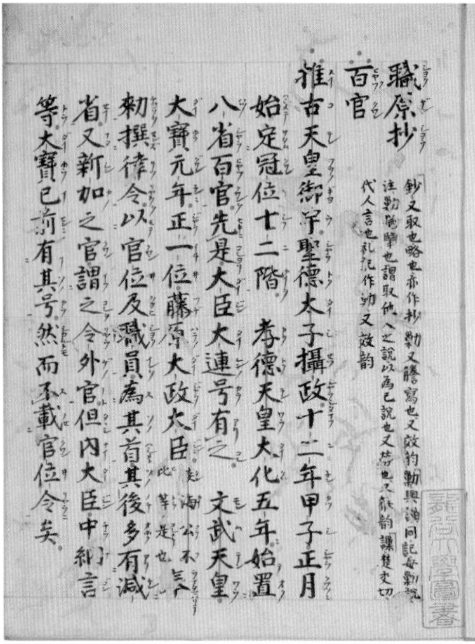

職原抄

百官

鈔又取也略也亦作抄 勦又謄寫也又效韵勦與謝同記毋勦説注勦猶擥也謂取他人之説以為己説也又勞也又效韵 課楚交切

代人言也礼記作劫又效韵

推古天皇御宇聖德太子攝政十二年甲子正月

始定冠位十二階 孝德天皇大化五年始置

八省百官先是大臣大連号有之 文武天皇

大寶元年正一位藤原大政大臣 此等 起海公 不比等也

勅撰律令以官位及職員為其首其後多有減

省又新加之官謂之令外官但内大臣中納言

等大寶已前有其号然而不載官位令矣

（八八オ）（八七ウ）

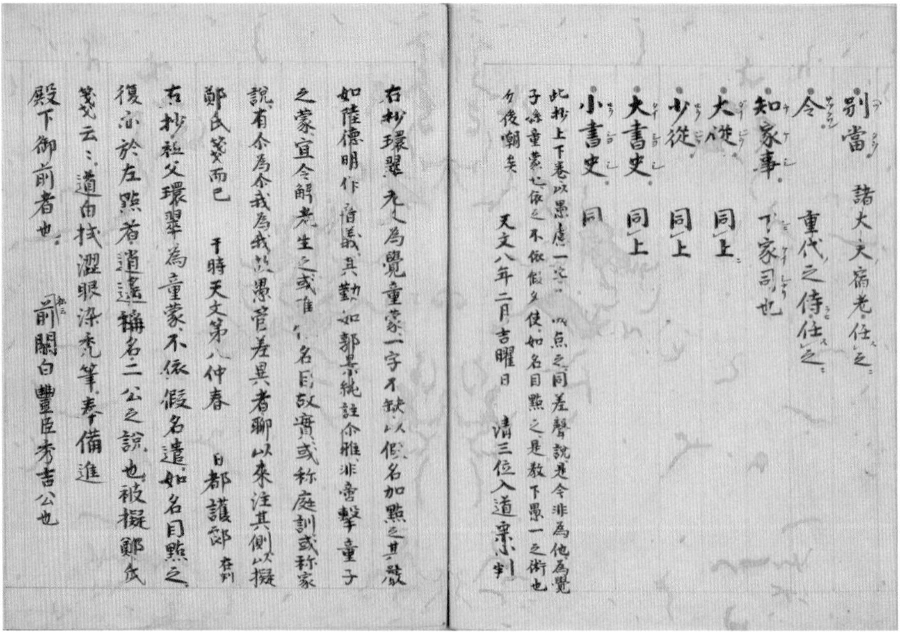

別當 諸大夫宿老任之

令 重代之侍任之

知家事 下家司也

大從 同上

少從 同上

大書史 同上

小書史 同

此抄上下巻以愚慮一之々以点之同差聲説是令非為他為覺

子孫童蒙也依之不依假名使如名目點之是教下愚一之術也

勿後嘲矣

天文八年二月吉曜日 清三位入道宗尤判

右抄環翠老人為覺童蒙一字不缺以假名加點之其殷

如陸德明作音義其勤如鄭景純註爾雅非啻擊童子

之蒙宜令解先生之或准名目故實或称庭訓或称家

説有爾為爾我為我誤愚意差異者聊以朱注其側以擬

鄭氏箋而已 于時天文第八仲春 日都講郎 在判

右抄祖父環翠為童蒙不依假名遣如名目點之

復亦於左點者道遥軒名二公之説也被擬鄭氏

箋云々道由拭澀眼染禿筆奉備進

殿下御前者也 前關白豊臣秀吉公也

口絵1　職原抄

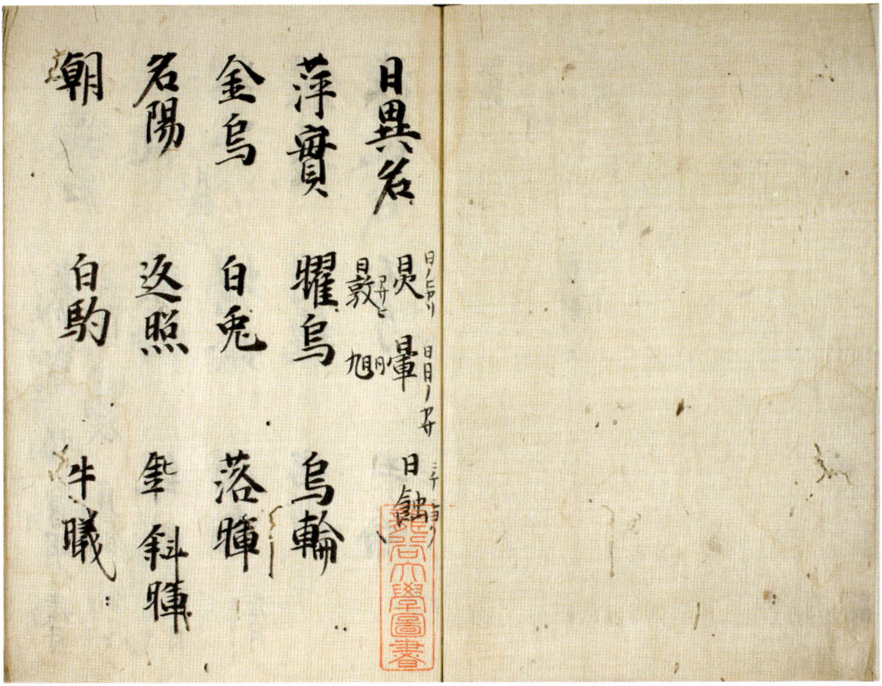
（一オ）

日異名

晃（日ノヒカリ）　暈（日ノカサ）　日蝕

曩　旭

萍實　耀烏　烏輪

金烏　白兎　落暉

若陽　返照　斜暉

朝　白駒　午曦

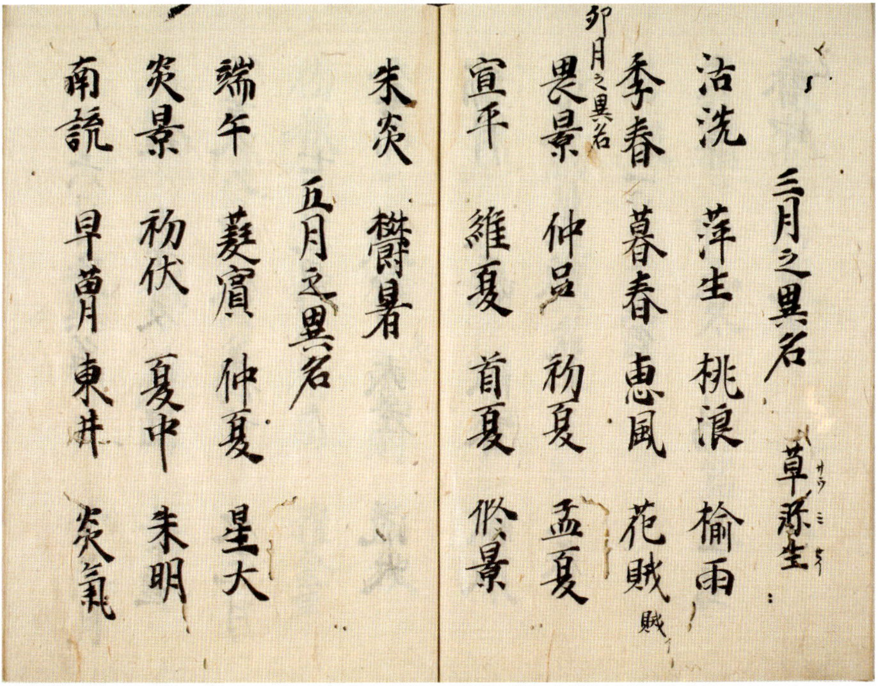
（六オ）　（五ウ）

三月之異名

草孫生

沽洗　萍生　桃浪　楡雨

季春　暮春　恵風　花賊

卯月之異名

畏景　仲呂　初夏　孟夏

宜平　維夏　首夏　修景

朱炎　鬱暑

五月之異名

端午　蕤賓　仲夏　星大

炎景　初伏　夏中　朱明

南訛　早苗月　東井　炎氣

口絵2　異名盡

（二二ウ）

（二三オ）

并名字盡

足利《アシカヽ》　仁科《ニシナ》　万樹《ヨロキ》　我孫《アヒコ》

的《イクハ》　錦織《ニシコヲリ》　錦古利《同》　錦文《同》　綿《ヽ》

設樂《シタラ》　斯波《シハ》　三宅《ミアケ》　畑《ハタ》

阿刀《アト》　波々泊部《ハウカヘ》　猪名部《イナヘ》

（三〇ウ）

堀川《ホリカハ》　油小路《アフラノ》　西洞院《ニシノトウイン》　町《マチ》　室町《ムロマチ》　烏丸《カラスマ》

東洞院《ヒカシノトウイン》　高倉《タカクラ》　万里小路《マテノ》　冨小路《トミ》

京極《キヤウコク》　朱雀《シユシヤク》

已上東西十八町也

但以大内裏中央　東京今也

延徳参年　菊月七日書寫之訖

（三一オ）

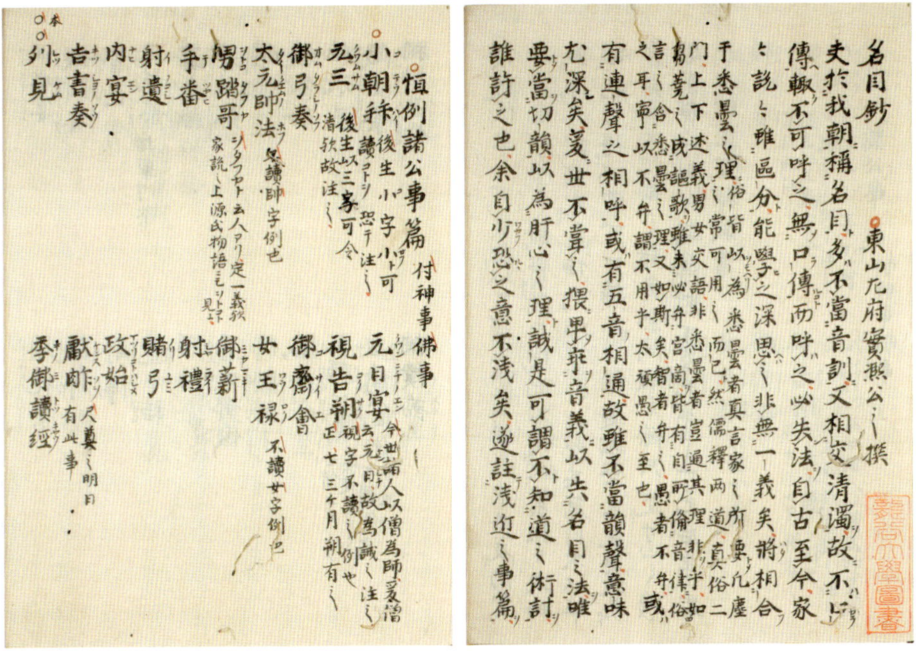

（一オ）
名目鈔
東山左府實煕公之撰
夫於我朝稱名目多不當音訓又相交清濁故不只傳輙不可呼之無口傳而呼之必失法自古至今家々説々雖區分能學之深思之非無一義矣將相合于悉曇之理之
俗皆以為悉曇者真言家之所要凡塵之常可用之而已然儒釋兩道真俗二門上下述義男女交語非悉曇者豈通其理非于如鳥之莬之成謳歌雖未必弁宮商皆有自然偷音律之言之合悉曇之理又如斯矣智者弁之愚者不弁之耳寧以不弁謂不用乎太頑愚之至也
或有連聲之相呼或有五音相通故雖不當韻聲意味尤深矣爰世不達之攪果乖音義以失名目之法唯要當切韻以為肝心之理誠是可謂不知道之術討誰討之也余自少恐之意不淺矣遂註淺近之事篇
（二オ）
恒例諸公事篇　付神事佛事
小朝拜　後生小字小ト可讀コトシ恐テ注之
元三　後生以三字可令清歟故注之
御弓奏
太元帥法　不讀師字例也
踏哥　シタフタト云人アリ定一義歟家説之上源氏物語ニモシトウト見エ
手番
射遺
内宴
吉書奏
列見
元日宴　今世兩人以僧為師爰當云元日故為誡之注之
視告朔　視字不讀之例也正七三ケ月朔有之
御齋會
女王禄　不讀女字例也
御薪
射禮
賭弓
政始
獻酢　尺奠之明日有此事
季御讀經

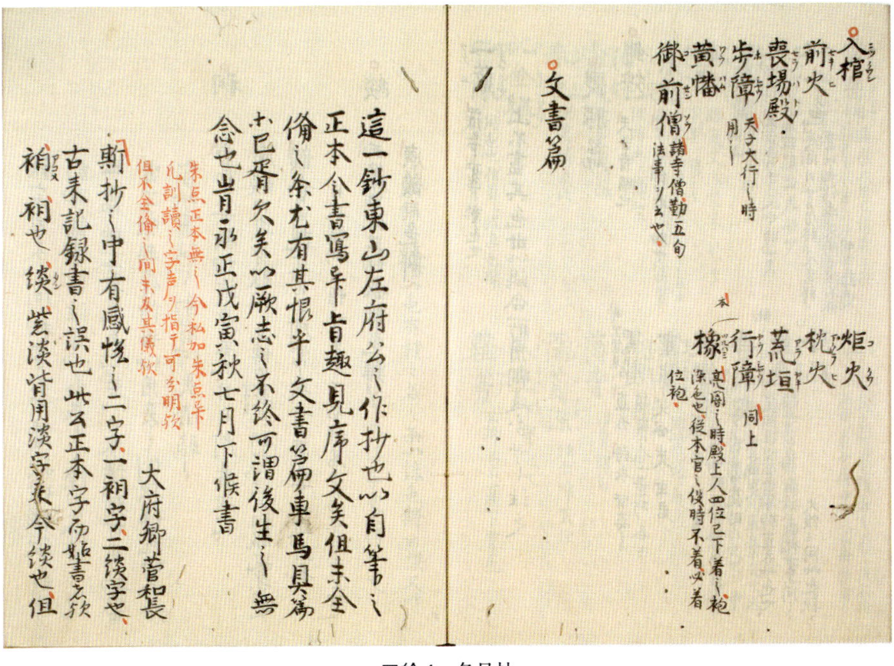

（一八ウ）
入棺
前火
喪場殿
歩障　天子大行之時用之
黄幡
御前僧　請寺僧勤五旬法事ノ云也
炬火
枕火
荒垣
行障　同上
橡　諒闇之時殿上人四位已下着之袍位袍深色也從本官之袍時不着必着
文書篇
（一九オ）
這一鈔東山左府公之作抄也以自筆之正本令書寫畢旨趣見序文矣但未全備之余尤有其恨乎文書篇車馬具篇等已脊欠矣以厥志之不終可謂後生之無念也旹永正戊寅秋七月下候書
大府卿菅和長
朱点正本無之今私加朱点畢
凡訓讀之字声ノ指テ可分明歟
但不全備之間未及其儀歟
斯抄之中有感慨之二字一袙字二绞字也古来記録書之誤也此云正本字而姑書之歟
袙　衵也　绞　黲淡皆用淡字来今绞也但

口絵4　名目抄

はしがき

龍谷大学善本叢書33として、『中世国語資料集』と題し、龍谷大学大宮図書館蔵の三つの貴重書を影印・公刊する。

今回とり上げる書物は、いずれも語彙集（辞書）としての性格を持つものであり、中世日本語研究の資料となりうるものであるが、とりわけ中世の公家文化あるいは「有職故実」の世界ともかかわる点に特色がある文献だといえる。

中世に入って武家の権力が確立する中で、公家社会においては王朝以来の正統的な文化の継承にそのアイデンティティを見出していこうとする傾向が強くなっていった。王朝以来の文化的知識がさまざまな領域で集成されるようになる。「有職故実」の方面でも、後代に重要視される書物の多くが中世に著されている。ここに紹介する三書も、またそうした潮流の中に産まれたものといえる。

『職原抄』は、南北朝時代の南朝の中心人物であった北畠親房の著で、代表的な有職故実書の一つとして有名である。ここに公刊する龍谷大学大宮図書館蔵本は、清原宣賢の加点を継承する天文八年本系統の写本であるが、この度の調査で、宣賢の子清原枝賢が豊臣秀吉への進講のために用意したものの写しと見られることが確認された。

『異名盡』（内題には『異名盡幷名字盡』とある）は、目下他に存在は知られておらず、孤本である。「異名」を集め

た意味分類体の語彙集（辞書）で、ここでいう「異名」とは、詩文に用いられる漢語と考えられる。こうした「異名」集は、江戸時代にも見られるが、本書はそれに先行するものと位置づけられよう。また、「名字盡」の部は、人名・地名などの固有名詞その他の語の読みを付訓して列記したものである。

『名目抄』は、洞院公賢から四代の後裔洞院実熙の撰とされる有職故実書で、いわゆる「故実読み」の資料としてしばしばとり上げられる文献であるが、ここに公刊する龍谷大学大宮図書館蔵本は、洞院実熙自筆稿本を転写した一本とされる菅家本系統の写本である。菅家本系統の写本としては、二本が残るのみであるので、今回これを公刊することは意義のあるものといえよう。

本書が、中世国語史研究に活用されることを期待したい。

末尾ながら、本書の刊行にあたっては、龍谷大学大宮図書館の大木彰さん、思文閣出版の大地亜希子さんに多大なご尽力を賜った。御礼申し上げる。

平成二十九年十月吉日

藤田保幸

中世国語資料集　目次

（上段頁は影印・下段頁は解説）

職原抄

職原抄　表表紙

4994
昭12. 2. 9

職原抄

鈔又取也略也亦作抄剿又謄寫也又效韵勦與剿同記毋勦説注勦猶攬也謂取他人之説以爲已説也又勞也又效韵勦楚交切代人言也礼記作勦又效韵

百官

推古天皇御宇聖徳太子攝政十二年甲子正月始定冠位十二階　孝徳天皇大化五年始置八省百官先是大臣大連号有之　文武天皇大寶元年正一位藤原大政大臣淡海公不比等是也勅撰律令以官位及職員爲其首其後多有減省又新加之官謂之令外官但内大臣中納言等大寶已前有其号然而不載官位令矣

神《ジン》祇《ギ》官《クワン》　當唐《タウ》大《タイ》常《ジヤウ》寺《ジ》　又云祠《シ》部《ホウ》　太《タイ》常《ジヤウ》令《レイ》

以《モテ》當《タウ》官《クワン》置《ツコトハ》諸《シヨ》官《クワン》之上《カミニ》是《コレ》神《シン》國《コク》之風《フウ》儀《ギ》重《オモンスル》天《テン》神《シン》地《チ》祇《ギ》故《ユヘナリ》也昔《ムカシ》人《シン》皇《ワウ》最《サイ》初《シヨ》神《シン》武《ム》天《テン》皇《ワウ》定都《ミヤコ》於大和《ヤマト》國《クニ》橿《カシ》原《ハラ》時《トキ》以《モテ》天《テン》照《セウ》太《ダイ》神《ジン》御《ミ》靈《シン》八《ヤ》咫《タ》鏡《カヾミ》及草《クサ》薙《ナギ》劔《ツルギ》安《アン》置《チ》大《オホ》殿《トノ》同《シテ》牀《ユカ》而坐《ザ》給《タマフ》蓋《ケダシ》如《ゴトシ》往《ワウ》古《コ》神《シン》勅《チヨク》由《ヨテ》此《コレニ》皇《クワウ》居《キヨ》神《シン》宮《キウ》無《ナシ》差《シヤ》別《ベチ》宮《キウ》中《チウニ》立《タツ》庫《コ》藏《ザウ》此《コレ》云《イフ》齋《イミ》藏《クラ》官物《モツ》神《シン》物《モツ》無《ナシ》分云云此《コノ》時《トキ》天兒《アマノコ》屋《ヤ》根《ネ》命《ミコト》孫《ミマ》天《アマノ》種《タ》子《コノ》命《ミコト》專《モハラ》主《ツカサトル》祭《サイ》祀《シ》事《コトシ》是《コレ》乃《スナハチ》執朝《テウ》政《セイ》之儀《ギナリ》也第《ダイ》七《シチ》代《ダイ》崇《スウ》神《ジン》天《テン》皇《ワウ》漸畏《ヲソレ》神《シン》威《イ》鑄《イ》改《アラタメ》鏡《カヾミ》劔《ツルギ》奉安置神《ジン》代《ダイ》之

靈《レイ》器《キシ》於別《ワツ》所《シヨニ》是《コレ》皇《クワウ》居《キヨ》神《シン》宮《キウ》相《アヒ》分《ワカレ》之初《ハシメナリ》也 垂《スイ》仁《ニン》
天《テン》皇《ワウノ》御《ギヨ》宇《ウ》 天照大神鎮《チン》坐《ザノ》伊勢國渡《ワタラ》會《エノ》郡《コホリ》五《イ》
十鈴《スヽノ》河《カハ》上《カミニ》之時《トキ》命《メイメ》中《ナカ》臣《トミノ》祖《トホツヤ》大《オホ》鹿《カ》嶋《シマノ》命《ミコトニ》為《ス》祭《マツリノ》主《ヌシト》其《ノ》
後《ゴウ》葉《ヨウ》代《ダイ》々為《タリ》祭《サイ》主《シユ》朝《テウ》廷《テイ》被《レ》置《シカ》官《ーシ》以《イ》後《コ》神《ジン》祇《ギ》官《クワン》伯《カミ》
昔《カムカシハ》為《タリ》祭《サイ》 伊勢神《ジン》官《クワンノ》祭《サイ》主《シユ》又各《カク》別《ベツナリ》但《タヽシ》見《ミニ》伯《ハクノ》職《シヨク》掌《シヤウツカサトル》々
主《シユノ》頭《トウニ》為《タリ》祭《マツリノ》主《ヌシト》云々然乃其職已一本為一躰以之可
知者也然乃祭官之職者上古之重任也又神
國之故以當官置大政官之上乎 清
伯《ハク》一人 相《サウ》當《タウ》従四位下 近代至二三位帯之
唐名大常伯 又大卜令 又祠部尚書 清

昔者《ムカシハ》諸《モロ》氏《ノ》混《コン》任《ス》或《アルイハ》又大《オホ》中《ナカ》臣《トミノ》氏《ウヂ》任《シス》之《ルニ》中古以《イ》来《ライ》
花《クワ》山《サン》院《ヰンノ》御《ミ》子《コ》彈《ダン》正《ジヤウノ》尹《イン》清《セイ》仁《シン》親《シン》王《ワウノ》後《コウ》胤《イン》相《サウ》續《ゾクス》他《タ》人
不《ス》任《シセ》之《レニ》彼《カノ》流《リウ》四《シ》五《コ》品《ホンノ》之時《トキ》給《タマハル》源《ミナモトノ》姓《シヤウヲ》雖《イヘトモ》任《シスト》中《チウ》少《セウ》將《シヤウニ》
任《シスル》伯《ハクニ》之日《ヒ》復《フクス》于王《ワウ》氏《シニ》是《コレ》近例《レイナリ》也

大副

權《ゴンノ》大《タイ》副《フ》　唐《カラ》名《ナニハ》大《タイ》常《ジヤウ》卿《ケイ》
相《サウ》當《タウ》從《ジユ》五《ゴ》位《井》下《ゲナリ》也然《シカレトモ》而任《シスル》祭《サイ》主《シユニ》之輩《トモカラ》至《イタリ》二三《サン》位《井ニ》
帶《タイス》之《ルノ》多是四《シ》位《井》五《コ》位《井》任《シス》之《ルニ》大中臣齋《イン》部《ベ》卜《ウラ》部《ベ》三
姓《シヤウノ》之人《ヒト》任《シス》之

少《セウ》副

權《ゴンノ》少《セウ》副《フ》　唐名大《タイ》常《ジヤウ》少《セウ》卿《ケイ》

相當正《シヤウ》六《ロク》位《ヰ》上《ジヤウナリ》也近代五位官《ノ》也《ナリ》三姓《シヤウノ》之人《ヒト》任《ニンス》之《コレニ》

祐《セウ》 大《タイ》 相當從《ジユ》六《ロク》位《ヰ》上《ジヤウ》 近代繇《ヨモ》五位帯《タイス》之 唐名大《タイ》常《ジヤウ》丞《ジヨウ》

少《セウ》 相當從六位下《ゲ》 近代六位中《ノ》不《ス》分《ワカタ》正從《ヲ》皆《ミナ》遷《ウツル》正六位上《ニ》也

以《モツテ》前《サキ》三姓及《オヨビ》中臣《ナカトミノ》氏《ウヂ》等《ラ》任《ニンス》之

中臣《ナカトミハ》者本《モト》大中臣《ノ》一《イツ》種《シユナリ》也中臣《ノ》清《キヨ》麻《マ》呂《ロ》任《ニンス》右《ウ》大《ダイ》臣《ジンニ》之時《トキ》初《ハジメテ》加《クハフ》大《ダイノ》字《ジヲ》然《シカレトモ》而其《ソノ》庶《ソ》子《シ》有《リ》不《ズ》給《タマハラ》大《ダイ》之族《ヤカラ》

彼《カレ》等《ラ》苗《ベウ》裔《エイ》猶《ナホ》稱《シヨウス》中臣《ナカトミト》也

裔 以制切末也邊也冑也說文衣裾也又容裔縦肆也苗ハ種族也又

史《シ》 大《ダイ》 少《セウ》 唐名大《タイ》常《ジヤウ》主《シユ》簿《ボ》 ｜｜君羊行皃

大政官《ダイジヤウクワン》 オホイマツリコトノツカサ オホヒマツリコトノ

當《アタル》唐《カラノ》尚《シヤウ》書《シヨ》省《セイニ》 又号《ガウス》鸞《ラン》臺《タイト》蘭省《セイト》 雖《イヘトモ》一座官之總《ソウ》号《ガウ》近代称《シヨウス》辨官《ト》也

當《タウ》官《クワンハ》統《スヘ》八《ハツ》省《シヤウ》及《オヨヒ》諸《シヨ》國《コク》天《テン》下《カ》事《コト》悉《コトヽヽク》決《ケツス》此《コノ》官《クワン》也故《カルカユヘニ》云《イフ》

都《ト》省《シヤウ》本《モトハ》名《ナツク》乾《ケン》政《シヤウ》官《クワント》

大《ダイ》政《ジヤウ》大《ダイ》臣《ジン》一人　相當正《ジヤウ》一位　唐名大《タイ》師　相《シヤウ》國《コク》　大《タイ》尉《ヰ》

師範一人儀《ギ》形《ギヤウタリ》四《シ》海《カイニ》無《ナクハ》其《ソノ》人《ヒト》則《スナハチ》闕《カクト》云々故《カルカユヘニ》云則《ソツ》

闕《ケツノ》之官《クワン》有《イフ》德《トクノ》之撰《センタカ》故《ニ》非《アラスンハ》其《ソノ》人《ヒトニ》者常《ツネニ》不《ス》任《ニンセ》之又無《ナキ》

職《シヨク》掌《シヤウ》之官也大政大臣行《オコナフコト》公事《ヲ》希《マレナル》例《ナリ》也　雖《イヘトモ》實《ジツノ》大《タイ》臣《ジン》在《ザイ》官《クワン》

時《トキ》依《ヨリ》別《ベツ》勅《チヨク》内《ナイ》辨《ベン》叙《ジヨ》位《ヰ》除《ヂ》目《モク》等《トウ》被《ラル》勤《ツトメ》之

左《サ》大《ダイ》臣《ジン》一人　相當正《ジヤウ》從二位　唐名大《タイ》傅《フ》　左《サ》丞《セウ》相《ジヤウ》　左《サ》僕《ボク》射《ヤ》

官中事一《イツ》向《カウ》左大臣統《スヘ》領《リヤウス》之故《カルカユヘニ》云《イフ》一《イチノ》上《カミト》關《クワン》白《ハク》之

人《ヒト》為《タル》左大臣時《トキ》右《ウ》大臣行《オコナフ》一上事《カミノコトヲ》是《コレ》依《ヨテナリ》關白與《ヨ》
奪《タツニ》也
右大臣《ウダイジン》一人
相當同左大臣
唐名大保《タイホウ》　右丞相《イウシヤウ》　右僕射《イウボクヤ》
已上謂《イフ》之三公
異朝《イテウノ》三公《コウハ》者皆《ミナ》則闕《ソクケツノ》之官也《ナリ》為《タリ》師傅《シフ》保《ホウノ》職《シヨク》棟梁《トウリヤウ》
于諸《シヨ》官塩梅《エンバイ》于帝道《テイタウニ》者《モノ》也是《コレ》故《ユヘニ》三公無《ナシ》所職《シヨ》置《オイテ》
六卿《リツケイシ》令《ム》掌《ツカサトラ》天下政《マツリコトヲ》秦漢《シンカンヨリ》以来《コノカタ》有相國《シヤウコク》左右《サイウ》丞相《セウシヤウ》
之号《カウ》已《スデニ》知《シヌ》庶政《シヨセイ》異《コトナリ》于古《イニシヘノ》三公也三公者象《カタトル》天之
三台《タイノ》星《ホシニ》也三槐者《クワイトイフハ》周世《シウノヨ》外朝《クワイテウニ》植《ウヘテ》三槐《クワイヲ》三公班列《ハンレツス》

其下槐者懐也懐遠人之義也　我朝天孫天
降給時天兒屋根命津速産霊神孫中臣氏祖天太玉命高皇
産霊神子斎部氏祖奉　天照大神　勅為左右之扶翼
如今世左右相歟　神武東征之後天下一統
二神之孫天種子命天冨命又為左右又上古
無大臣号嗅執政之人稱食國政申大夫第十
二代　景行御宇初以武内宿禰為棟梁臣
成務御宇初号大臣　仲哀朝又以大伴武持
号大連大臣大連相並知政事尓來代々有大

臣大連《レン》之位《ヰニ》　皇《クワウ》極《キヨク》天《テン》皇《ワウ》四年乙《キトノ》巳《ミ》始《ハジメテ》置《オク》左《サ》右《イウノ》大
臣止《トム》大連《レンジツ》　孝《カウ》徳《トク》天《テン》皇《ワウノ》御《ギヨ》宇《ウ》以《テ》中《ナカ》臣《トミノ》鎌《カマ》子《コノ》連《ムラジヲ》始《メテ》
為内《ナイ》臣《ジント》　天智《チノ》朝《テウニ》挙《キヨノ》為《シテ》内《ナイ》大臣《ジント》賜《タマフ》藤《フヂ》原《ハラノ》朝《アソ》臣《ンノ》姓《カバネヲ》
此時《トキ》其《ソノ》位《クラヰ》在《アリ》左《サ》右《ウノ》大《ダイ》臣《ジンノ》上《カミニ》其後《ノチ》此《コノ》官久《ヒサシク》絶《タエテ》至
光《クワウ》仁《ニンノ》御《ギヨ》宇《ウニ》藤原良《ヨシ》継《ツギ》魚《ウホ》名《ナ》等《トウ》任《ス》之初《メテ》次《ツク》左《サ》右《イウノ》大
臣之下《シモニ》凡《ヲヨソ》内《ナイ》大臣者《ハ》令《リヤウ》外《ゲノ》之官也《ナリ》又有大政大
臣之時《トキ》任《ニンズ》内大臣頗《スコブル》似《ニタリ》無《ナキニ》其謂《イハレ》又大政大臣者《ハ》
天《テン》智《ヂノ》朝《テウ》初《ハ》置《オツ》之皇《クワウ》子《シ》大《オホ》友《トモ》任《ニンス》之　天武《ム》朝《テウ》皇《ワウ》子《ジ》
高《タカ》市《イチ》又任《ス》之　孝《カウ》謙《ケン》天皇改《アラタメテ》云《フ》大《タイ》師《シト》藤《フヂ》原《ハラノ》恵《エ》美《ミノ》

押《オシ》勝《カツ》任之又改《アラタメテ》云《フ》大政大臣《ト》道《ドウ》鏡《キヤウ》法《ホツ》師《シ》任之後
代《ダイ》皆《ミナ》云《フ》大政大臣《ト》也多《オホクハ》是《コレ》贈《ソウ》官《ナリ》也 文《モン》徳《トク》御《ミ》世《ヨ》
藤《フヂ》原《ハラノ》良《ヨシ》房《フサ》任之 忠《チウ》仁《ジン》公《コウ》是《コレナリ》也 介来《シカシヨリコノカタ》連《レン》綿《メンシテ》任之
准《ジユン》大《ダイ》臣《ジントハ》者 文《モン》武《ム》天《テン》皇《ワウ》大《ダイ》寶《ホウ》三年正月三品《ボム》刑
部《ブ》親《シン》王《ワウ》為知《チ》大《ダイ》政《シヤウ》官《クワンノ》事《ジ》又 聖《シヤウ》武《ムノ》朝《テウ》大政大臣
高《タカ》市《イチ》親《シン》王《ワウノ》三男参議従《ジユ》三《サン》位《ミ》大《オホ》藏《クラ》卿《キヤウ》鈴《スヽ》鹿《カノ》王《オホキミ》知
大政官事是濫《ラン》觴《シヤウト》云々 帥《ソツノ》内《ナイ》大臣伊《イ》周《シウ》帰《キ》京《キヤウノ》之
後《ノチ》寛《クワン》弘《コウ》二年列《レツス》朝《テウ》参《サンノ》大臣下《シモ》大《ダイ》納《ナ》言《ゴンノ》上《カミニ》五年准《ジユンジテ》
大臣賜封《フ》戸《コ》一《イツ》千《セン》戸自《ミヅカラ》稱《シヨウス》儀《ギ》同《トウ》三司《ト》其《ソノ》後絶《タエテ》久《ヒサシ》

攝政如周公《シウコウノ》故事《コジノ》然乃以周公《シウコウ》旦《タン》霍光《クワククワウ》為濫觴
也関白者漢宣帝立霍光《クワククワウ》猶攝政非幼主之
故霍光還政宣帝猶重其人令関白萬機関白
之号《カウ》自此而始云々本朝 仲哀《チウアイ》崩皇后攝政
平三韓《朝鮮國也》而帰筑紫誕生皇子在襁褓皇后猶攝
政遂臨天下六十餘年雖同正帝奉称攝政其
後 推古《スイコ》天皇朝皇太子廐戸《ウマヤト》皇子《推古姪也》攝政
齊明《サイメイ》天皇御宇皇太子中大兄《ナカノオホエ》皇子又攝政
清和《セイワ》天皇幼而即位外祖忠仁公《チウシンコウ》奉 文徳遺

詔而攝政是本朝以人臣為攝政之初也尒來彼一門為執政之臣又執柄必蒙一座之宣旨故稱一人又云一所然而閑院大政大臣公季著閑白左大臣賴通上久我大政大臣雅實着閑白左大臣忠通《ただみち》上是邂逅例也

大納言　令四人　相當正從三位　令　正從三位　唐名亞相

其職掌與右大臣以上參議天下事云々清《きよ》然者大臣不候之間奉行與大臣同故云亞相之官也異朝上古少師少傅少保是云三孤又云三少

是三公之貳也故云亞相漢以來為御史大夫者必轉丞相依之有亞相之号然而御史之職當今彈正其義不協爰稱德御世暫改大納言号為御史大夫是故大納言唐名為御史大夫不叶舊式者也令正員四人也寛平御宇為正二人權一人其後權官加增　高倉御宇初為十人　先朝後醍醐天皇御時被定六人凡當官者人臣之重職也可昇大臣之人任之而光賴卿以來為諸大夫輩又任之然而至今為重寄

中《チウ》納《ナ》言《ゴン》 令外官也 権官古来有之 相当従三位
唐名納言 龍作 黄門

持《チ》統《トウ》天《テン》皇《ワウ》六年始《ハジメテ》置《オク》此官其《ソノ》後《ノチ》罷《ヤム》之大《ダイ》寶《ホウ》二年
定《サダム》官位令日《ニ》無《ナシ》此官仍《ヨテ》為《スル》令《リヤウ》外《ゲ》歟《カ》但慶《キヤウ》雲《ウン》四年
又置《オクト》之云々相《サウ》當《タウ》三《サン》位《ミ》也四《シ》位《ヰ》参《サン》議《ギ》任之時《トキ》執《シウ》
筆《ヒツ》人《ノヒト》即《スナハチ》書《カク》従《ジユ》三位人《ニン》数《ジユ》近《キン》代《ダイ》為《タリ》十人 前《セン》朝《テウ》被
定《サダメ》八人其後又不《ズ》同《オナジカラ》凡任當官者参議労《ラウ》二十
年以上檢《ケ》非《ビ》違《イ》使《シ》別《ベツ》當《タウ》大《ダイ》辨《ベン》宰《サイ》相《シヤウ》攝《セツ》政《シヤウ》關《クワン》白《パク》子《コ》
為《タル》二位三位中將者《ヒト》 近代大臣息三位中將納
第《ダイ》直《ナホニ》任非舊儀者也
言《ゴン》已《イ》上《ジヤウ》殊《コトニ》可撰《エラバ》其人《ヒト》之官也

參《サン》議《ギ》八人　唐名諫議大夫　相当正四位下　相《シヤウ》公《コウ》　八《ハツ》座《サ》

參《サン》議《ギ》者諸《シヨ》臣《シン》之中《ナカ》四《シ》位《ヰ》已上有其《ソノ》才《サイ》之人奉勅參議官中政之意《ココロ》也故非正官然而除自任之又例《レイ》也四位任之者猶稱其朝臣三位已上稱姓《シヤウ》朝臣《アツソン》也

八座者異《イ》朝《テウ》八座其職各別也本《ホン》朝《テウ》　聖《シヤウ》武《ム》天皇天平《ヒヤウ》三年置參議大同《ドウ》御宇罷參議置五畿七《シツ》道觀察《サツ》使《シ》合八人弘《コウ》仁《ニン》御宇罷觀察使皆為參《サン》議《ギ》云〻八人自此而始依之有八座之号任

参議有《リ》数《アマタノ》道《ミチ》左右《ノ》大辨弁《ナラビニ》近衛《ヱノ》中将有其才者《ノ》

蔵人《クラウドノ》頭《トウ》及勘《カンガフル》七《シチ》箇《カ》國《コク》公文《モンソ》受《ジユ》領《リヤウ》等《ラ》是也《ナリ》

已上号見任《シノ》公《ノ》卿《キヤウト》是也《ナリ》納《ナフ》言《ゴン》已上有《リ》封《フ》戸《コノ》職《シヨク》田《デン》

又毎《マイ》年《ネン》除《ヂ》目《モクニ》有《リ》年給《キフ》大臣《ハ》隔《カク》年《ネンニ》任《シテ》諸國掾《ゼウ》一人《ヲ》

納言《ハ》三年《ニ》一度任《ス》掾《ゼウ》一人《ヲ》参議者《ハ》不《ス》任《ニンセ》掾《ゼウヲ》但《タヾシ》献《タテマツル》

五節《セツシ》之翌《ヨク》年《ニ》給《タマフ》之《ヲ》其外《ハ》皆給《タマフ》諸國目《サツクワン》一人史生《シヤウ》

一人《ヲ》是分《ワカツ》其俸《ホウロク》之義《ギナリ》也

准《ジユン》三《サン》宮《グウノ》大《ダイ》臣《ジンハ》者毎《マイ》年給《タマフ》官爵《シヤクヲ》即《スナハチ》従《ジユ》五《ゴ》位《ヰ》下《ゲ》官《ハ》

乃掾《ゼウ》若《モシハ》内《ナイ》官《クワンナリ》也如《ゴトシ》三宮《グウノ》之儀《ギ》

弘《コウ》安《アン》六年《ニ》太政大臣基具《モトトモ》（大納言）于時《トキニ》敍《ジヨノ》一《イチ》位《ヰニ》辭《ジス》大納言《ゲン》七年《ニ》准《ジユンシ》大臣《ニ》可《ヘキ》令《シム》朝《テウ》參《サンセ》之由《ヨシ》被《ル》下《クダサ》口宣《セン》而擬《ギ》階《カイノ》奏《ソウ》連《レン》署《ジヨノ》之時《トキ》被《ルニ》尋問官底多者不可爲《タル》見任《シ》之由《ヨシ》依《ヨツテ》申《マウスニ》之無《ナシ》勅《チヨク》許《キヨ》云々然《シカレトモ》而清《セイ》家《ケノ》外記《キ》補《フ》任《ニンノ》見《ゲン》任《ニンニ》註《シルシ》從《ジユ》一《イチ》位《ヰ》行《ギヤウ》儀《ギ》同《ドウ》三司《シト》列《レツス》内《ナイ》大《ダイ》臣《ジン》下《シモ》大納言上《カミニ》中《チウ》家《ケノ》外《ケ》記《キノ》三《サ》條《デウ》本《ホン》補《フ》任《ニンノ》非參《サン》議《ギニ》列次前《サキノ》内《ナイ》大《ダイ》臣《ジン》實《サネ》親《チカノ》（正二位）上《カミニ》所《シヨ》爲《ヰ》不《ス》同《シテ》難《シキ》一決者歟《カ》正《ジヤウ》應《ヲウ》二年《ニ》直轉《テンス》大政大臣其後正應定《サダ》實《サネ》公《コウ》承仕《シンニ》通《ミチ》賴《ヨリ》公《コウ》嘉《カ》元《ゲンニ》實《サネ》家《イエ》公《コウ》（攝政 經男 實）相《アヒ》繼《ツイテ》任《ス》之是

皆《ナ》可《ヘキ》昇大臣之器《ウツハモノ》暫《シハラ》沉《チン》淪《リン》之間《アヒダ》依《ヨテ》重《オモンズルニ》其人《ヒシ》慰《イシテ》晩《バン》
達《タツシ》令朝參者也《ナリ》而《シカルニ》先《セン》朝《テウノ》後《ゴ》醍醐《ダイゴ》院御《ギシン》時《トキ》前《ゼンノ》大納言《ゴン》定《ジツ》
房《フサ》為《シテ》名《メイ》家《ヤト》任《ス》之可《シ》謂《イフ》無《ム》念《ネント》雖《ヘトモ》然《シカリト》後《ゴ》日《ニチニ》任《ズル》内《ナイ》大臣
之上《ニハ》者無《ナキ》是《セ》非《ヒ》歟《カ》
攝《セツ》政《シャウ》關《クワン》白《バクハ》者大臣兼《カヌ》之或《レウ》去《ハ》大臣《セテ》職《ショクシ》帶《タイス》之東《ラ》三
條入《テウノニフ》道《ダウ》攝《セツ》政《シャウ》已《イ》來《ライノ》例《レイナリ》也凡《ショソ》此《コノ》職《ショクハ》者異《イ》朝《テウ》唐《タウ》堯《ギョウ》時《ノ》
擧《ノテ》舜《シュンヲ》為《ス》攝《セツ》政《ト》殷《イン》湯《タウ》以《テ》伊《イ》尹《インヲ》為《ス》阿《ア》衡《カウト》當《ルト》攝周《シウノ》成《セイ》王
政也
幼《イトケナクメ》而即《ツク》位《クラヒニ》叔《シク》父《フ》周《シウ》公《コウ》旦《タン》攝政是《ス》令《レ》攝政之《ノ》儀也《ナリ》
漢《ノ》昭《セウ》帝《テイ》又幼《イトケナクメ》而即《ツク》位《クラヰニ》博《ハク》陸《リク》侯《コウ》霍《クワ》光《クワウ》奉《ウケテ》武《ブ》帝《テイノ》遺《イ》詔《セウ》

少《セウ》納《ナ》言《コン》三人　相當從五位下

昔者重職也。三人必兼侍從拾遺補闕之任也。　唐名給事中

弘仁御宇置藏人所之後其職掌遷於侍中仍少納言只掌鈴印等事其職兼大政官中務省也。近代可然之諸大夫任之花族又任之兼近衛中少將之例有之先者叙四位者避職四位後帶之又常事也

外《ゲ》記《キ》　大二人　相當正六位上　近代五位　唐名外史或門下録事

少三人　相當正七位上

大政官中有三局左右辨官左右大史外記是掌其局

也。近《キン》代《ダイ》左《サ》大《ダイ》史《シ》兼《カヌ》左《サ》右《ウ》。此《コレヲ》云《イフ》官《クワン》務《ムト》。外《ゲ》記《キノ》上《ジヤウ》首《シユ》。此《コレヲ》
云《イフ》局《キヨク》務《ムト》。仍《ヨテ》令《イマ》稱《シヨウス》兩《リヤウ》局《キヨクト》也。外記恒《コウ》例《レイ》臨《リン》時《ジノ》公《ク》事《ジ》除《ヂ》
目《モク》叙《ジヨ》位《ヰ》等《トウノ》事《コト》奉《ブ》行《ギヤウノ》之官《ナリ》也。尤《モトモ》為《タリ》重《テウ》職《シヨク》。近《キン》代《ダイ》清《セイ》中《チウノ》
兩家《カ》任《ス》其職《シヨクニ》。於《テハ》少《セウ》外《ゲ》記《キニ》者彼《カノ》兩家《ノ》輩《トモカラ》。向門《モン》生等《ヲ》
依《ヨテ》器《キ》量《リヤウニ》任《ス》之

辨《ベン》《オホトモヒ》 七人

左《サ》右《ウノ》大《ダイ》辨《ベン》二人 相當從四位上 唐名尚《シヤウ》書《シヨ》 左右大《タイ》丞《ジヨウ》

官《クワン》中《チウノ》事《ジ》大辨所《ナリ》執《シツ》行《ギヤウ》也。仍《ヨテ》為《タリ》重職《シヨク》。名《メイ》家《カ》譜《フ》第《ダイノ》輩《トモカラ》
殊《コトニ》依《ヨテ》清《セイ》撰《セン》任《ニンス》之。花《クワ》族《ゾク》中《ニ》有《アル》才《サイ》名《メイ》之輩《トモカラ》參《サン》議《ギ》之時《トキ》

兼《カネ》之為《ス》規《キ》模《ボト》。无《ナキ》文《モン》才人《ヒト》。不《セ》居《コセ》之乎《カ》

左右中辨二人。相當正五位上。唐名尚書。左右中丞《サウ》。或左右司《シ》郎《ラウ》中《チウ》

左右少《セウ》辨《ベン》二人。相當正五位下　唐名尚書。左右司郎《ラウ》

名《メイ》家《カ》譜《フ》第《ダイ》任《ス》之。多者先《マツ》補《フ》五位藏人《クラウト》。乃任辨《ベン》也

藏人《クラウト》帶《タイス》之頗《スコブル》清撰《ナリ》也

近《コン》衛《エ》中少將《シヤウ》中有才名之人《ヒト》。遷《ウツリ》任《ニンス》辨官或兼《カヌル》之

又為《タリ》規模矣

五位辨《ベン》敍《ジヨ》四位之日去其職《シヨク》者也。近代多《ハ》敍《ジヨ》留《リウ》

又中辨者多分四位也。少辨者多分五位也。是

近来之例也又中少弁之間権官一人必任之
仍謂之七弁
凡尚書者管轄之任権衡之職也尤可撰其人
上象七星故也又漢朝尚書郎親近之官也仍
口含雞舌香手握蘭故此云握蘭之職也
史八人
左右大史各二人 相当正六位上 唐名尚書左右大都事
中古以来小槻宿祢為一史行官中事謂之官
務多是五位也其餘彼一族及門徒等依器量

任《ニン》之官務《ムハ》者太政官《ノ》文《モン》書《ジヨ》悉《コトゴトク》知《ル》之《ヲ》樞《スウ》要《ヨウノ》之重職《テウジヨクナリ》

也小《シ》槻《ツキ》氏《ウヂノ》稱《シヨウス》禰《デイ》家《ケト》宿《シク》祢《デイノ》之儀《キナリ》也

左右少《セウ》史《シ》各《シノ》二人　相當正七位上　唐名左右《サイウ》主事《シユジ》　近代六位

已上謂《フ》之《ヲ》八《ハツ》史《シト》

史《シ》生《ジヤウ》廿人

大臣以下判《ハン》授《ジユノ》之職《シヨクナリ》也居《ル》其職《シヨクニ》者《ハ》多《ク》轉《テンス》史《シニ》但《タヽシ》小《シ》

槻《ツキ》氏《ウヂノ》輩《カラ》不《ス》補《フセ》之門徒《ト》等《ラ》補《フス》之

官掌《クワンジヤウ》四人

太政官被《ニ》管《クワンナリ》也大辨以下判《ハン》授《ジユス》之凡《ソ》諸《シヨ》官《クワンニ》有《リ》長

官《グワン》次官判《ハン》官主《シユ》典《テン》也假《ケ》令《リヤウ》大政官大臣為長官
納《ナフ》言《ゴン》為次官少納言辨《ベン》為判《ハン》官史《シ》為主《シユ》典《テン》也餘
可准《シユンス》之大政官長官行節會任之納言已下主
典已上者除目任之史生官掌者判授官也然
而大政官者其寄《ヨセ》異《コトナリ》他仍史生官《クワ》掌《シヤウ》猶為重《テウ》職《シヨク》

中務省《ナカノツカサノシヤウ》　ナカノマツリコトスルツカサ
當唐中書省又号鳳閣　ナカノマツリコトノツカサ或説　ナカツカサ常説

八省中以中務為重職宮中事當省可統《トウ》領《リヤウス》之
義也異朝同重之以尚書為南衙以中書為北
司本朝近代之例頗無其實然而相當異于七

省。又當《タウ》省《ノ》卿《キヤウ》以下《ケ》雖《トモ》文《モン》官《ト》帯《タイ》劔《ケン》之職也

卿《キヤウ》一人。　相當正四位上　唐名中書令。

親《シン》王任《ス》之。四品已上。臣下不《ス》任之

大《タイ》輔一人。　權大輔一人。　唐名中書大卿。　相當正五位上　或中書監

但異朝中書令上置《ク》監。然者以《テ》大輔比于監

无其謂《イハレ》名《メイ》家《カ》殿《テン》上人任之

少輔一人。　權少輔一人。　唐名中書少卿。或中書侍郎。　相當從五位上　同前

中《チウ》務八省中相當已高《ステニ》然而於大輔少輔者

名《メイ》家《カ》强《アナガチ》不《ス》執之。治部民部兵部執之也

大《タイ》少《セウ》丞《セウ》相当大《ダイ》正六位上少《セウ》従六位上

唐名中書舎《シヤ》人《ジン》

可《キ》然《シカル》六《ロク》位侍任之大者常《ツネニ》不任之

大《タイ》少《セウ》録《サツクワン》

侍《ジ》従《ジウ》八人　相当従五位下

唐名拾遺補闕《ケツ》

八人之中《ナカ》三人者少納言兼任之其餘者公

達《タチ》任之諸大夫中常《ツネニ》不任之又大中納言参

議《ギ》已上有兼任之例近代無定数五位侍従

叙四位者又去之四位已上任之別儀也

内《ウ》舎《ドネリ》人九十人

唐名通事舎《シヤ》人

可《キ》然《シカル》之侍《サフラヒ》任之攝政《シヤウ》關《クワン》白《ハク》給内《ウ》舎《トネリ》人隨《スイ》身《ジン》時
殊《コト》撰《エランデ》其器《ウツハモノヲ》召《メシ》仕《ツカフ》之帶《タイ》劔《ケン》之官也

内《ナイ》記《キ》　唐名内《タイ》史《シ》局《キヨク》　又云柱《チウ》下

大《タイ》一人　相當正六位上　唐名柱下《カ》起居《キヨ》郎《ラウ》　近代五位
儒《ジユ》門《モン》之中《ウチ》堪《タヘタル》文筆《ヒツ》者任《ス》之草《サウスル》詔《ジヨウ》勅《チヨク》宣《セン》命《ミヤウ》故
也上下諸人《ノ》位記悉《ク》内記所《ノ》奉《ナリ》行也故雖《イヘトモ》為
中《ナカ》務《ツカサ》被官《クワン》別云内《ナイ》記《キ》局《キヨクト》

少《セウ》二人　相當正七位上　唐名著作《サ》郎　近代六位
儒《ジユ》胤《イン》弁《ナラヒニ》同門《モン》徒《ト》等《ラ》任《ス》之

監物《ケンモツ》

大 従六位下

少 正七位下

六位侍《サフラヒ》任之

主鈴《シユレイ》

大 正七位下

少 正八位上

近代強《アナガチ》不任之

典鑰《テンヤク》

大 従七位下

少 従八位上

同前

太皇大后宮職《タイクワウタイゴウグウシキ》 道遙

帝王祖母《オホヂ》也

皇太后宮職《クワウタイコウグウシキ》

帝王母《ハヽ》也云々

皇后宮職《クワウコウグウシキ》

帝王妻《メ》也云々

已上謂《イフ》之三宮《グウト》

倭漢同之

中宮職《チウグウシキ》

帝王妻《メ》也

中宮者即皇后《クワウゴウ》也本朝並《ナラヘ》置《シクコト》二宮太《ハナハダ》無其謂然

而光《クワウ》仁《ニンノ》御宇被置《レテヨリ》此職《シヨクヲ》以来《コノカタ》代々並《ナラヘ》置《オク》仍《ヨテ》令
号《ス》四宮《シクウト》也四宮中《カミハ》中宮《グウ》皇后《コウ》宮《グウノ》之司《ツカサ》尤《トモ》擇《エラフ》其人《ヲ》
太《タイ》皇《クワウ》大《タイ》后《コウ》等《トウノ》宮《グウ》司強《アナカチ》不《ス》請《サイ》撰但可依時事《コトナリ》也

大《タイ》夫《ブ》一人　相當従四位下　唐名長《チヤウ》秋《シウ》監《カン》
近代花《クワ》族《ゾク》納言等《トウ》兼《カヌ》之《レシ》

權《ゴン》大《タイ》夫《ブ》一人
同納《ナフ》言《ゴン》参《サン》議《ギ》及三位《ミ》已《イ》上《シヤウ》兼《カヌ》之《レシ》名《メイ》家《カ》雖《トモ》有《リト》其
例《レイ》不打任事《コトナリ》也近《キン》代《タイ》尤《モ》被擇《エラハ》其人《ヒトシ》

亮《スケ》　相當従五位下　唐名内《ナイ》常《ジヤウ》侍

名家四位中擇其人任之知職中之諸事故也

權《ゴン》亮《スケ》　花族《ゾク》四位五位中少將等兼之

大《タイ》進《シン》一人　相當從六位上　名家五位任之
唐名内給事

少《セウ》進《シン》　權　相當從六位下
唐名同

諸大夫五位六位任之

屬《サツクワン》　大　正八位下　唐名内侍主事　或録事
少　從八位上

院主典代官史生等任之

大舎人寮《オホトネリレウ》　唐名宮闈局　掌宮中駈使事
昔八百人云々

頭《カミ》一人 无《ニ》権《ミ》官《ミ》 相当従五位上 唐名宮《キウ》闈《ヰ》令《レイ》

諸大夫五位任《ス》之《ニ》

助《スケ》 権《ゴン》助《スケ》 相当正六下 唐名宮《キウ》闈少《セウ》令《レイ》 同六位任《ス》之《ニ》

允《セウ》《イツリコトヒト》 大 正六位下 唐名宮《キウ》闈《ヰ》主《シユ》事《ジ》 少 従七位上

六位侍《サフラヒ》任《ス》之《ニ》

屬《サツクワン》 大 従八位下 少 大初《ソ》位《ヰ》上《ジヤウ》 唐名秘《ヒ》書《シヨ》省《シヤウ》

圖《ツ》書《シヨ》寮《リヨウ》《フノツカサ》

頭《カミ》一人 無《ニ》権《ミ》官《ミ》 相当従五位上 唐名秘書監《カン》 或著《チヨ》作《サ》郎《ラウ》

諸大夫五位及《ヒ》諸道《ノ》輩《カラ》任《ス》之《ニ》

助《スケ》　權助　相當正六位下
唐名秘書少監
同六位等任《ス》之

允《セウ》　大　少
唐名秘書主事
六位侍《ラヒ》等任《ス》之

屬《サウクワン》　大　少

内藏寮《ウチノクラノツカサ》
唐名倉部《サウホウ》　又云少府《セウフ》
掌《ツカサトル》御《ゴ》服《フク》御膳《セン》等事

頭《カミ》一人　相當從五位上
唐名倉部郎《サウホウラウ》　又少府監《セウフカン》
或《ハ》尚《シヤウ》衣《イ》奉《ホウ》御《ギヨ》　又藏《ザウ》婦令《レイ》
四位五位殿上人《ヒト》擇《エラムテ》其人《ヒトヲ》任《ス》之於禁《キン》中《チウニ》為《タリ》
重職又世俗《セソク》説《セツニ》妻《サイ》室《シツ》凡《ボン》卑《ヒノ》之人《ヒト》不《ス》任《シロ》之專《モハラ》知
御服等事故《ユヘ》也云々

權《ゴン》頭《カミ》一人

諸大夫《ノ》五位任《ス》之《ニ》諸寮《レウノ》権《ノ》頭《カミノ》中《ナカツ》内蔵《クラ》木工《ムク》左《サ》
右《ウ》馬《マ》殊《トニ》為《ス》宜《ヨロシト》

助《スケ》
権《ノ》助
相當正六位下
唐名倉《サウ》部《ホウ》員《ヰン》外《グワイ》郎《ラウ》

近代多《ツハ》者醫《イ》陰《ヲンノ》二道《ダウ》任《ス》之《ニ》勤仕《ゴンシ》賀《カ》茂《モノ》祭《マツリ》内蔵《クラ》
使者《ツカヒシ》也

允《セウ》
大　或《ハ》无《ニ》大少
少　唐名倉《サウ》部《ホウ》丞《セウ》　少《セウ》府《フ》丞《セウ》

六位侍《サフラヒ》等《トウ》可《キ》任《ス》之《ニ》欤《カ》但《シ》強《アナカチ》不《ス》望《ノソミ》之《ニ》

屬《サクワン》
大　從八位下　唐名倉《サウ》部《ホウ》主《シユ》事
少　大初位上　唐名尚《シヤウ》衣局《キヨク》

縫殿寮《ヌヒトノレウ》
掌《ツカサトル》裁《タチ》縫《ヌフ》事《コトヲ》

頭《カミ》一人 无権官 相当従五位上 唐名尚《シヤウ》衣奉《ホウ》御《ギヨ》 或《ハ》䏂《ヒキ》庭《テイ》令《レイ》 彩《サイ》縫《ホウ》監《ゲン》

諸大夫五位任之

助《スケ》 権《ゴンノ》助《スケ》 相当正六位下 唐名尚衣少監

同六位任之

允《セウ》 大 少 唐名尚衣直《チヨク》長《チヤウ》

六位侍任之

属《サツクワン》 大 少 唐名尚衣令《レイ》史《シ》

陰《ヲン》陽《ヤウ》寮《レウ》 唐名司《シ》天《テン》臺《タイ》 或《ハ》云《フ》太《タイ》史《シ》局《キヨクト》

掌《ツカサトル》天文暦《リヤク》数《スウ》事昔者一家兼《カヌ》両道而賀《カ》茂《モノ》保《ヤス》憲《ノリ》以暦《リヤク》道伝其子光《ミツ》栄《ヨシ》以天文道伝弟子安《ア》倍《ベノ》晴明《アキラ》自《ヨリ》此已後両道相《アヒ》分《ワカル》

頭《カミ》一人。權官。相當從五位下。唐名司天監《カン》。大史監。祠部郎中。五行尹。
當《タウ》道《ダウノ》之極《キヨク》官《クワン》也《ナリ》。
助《スケ》。權助。相當從六位上。唐名司天少監。大史少監。五行少尹。
同道《キダウノ》輩《カラ》五位六位共《トモニ》任《ス》之。
允《セウ》。大少。唐名司天丞。大史丞。同道《キダウノ》被官《ヒクワン》門生《モンサイ》等《ラ》任《ス》之。
屬《サツクワン》。大少。唐名司天主簿。
陰陽博士《オンヤウハカセ》。權。相當正七位下。唐名大卜正。同道《キダウノ》五位已上任《ス》之。
陰陽師《オンヤウジ》。相當從七位上。唐名大卜師。近來強《アナガチ》不任之歟。
暦博士《リヤクハカセ》。權。相當從七位上。唐名司暦。或司暦正保。

暦《リヤク》道《ダウ》任《ス》之《ニ》。近代五位已上。任《ス》之《ニ》
天《テン》文《モン》博《ハカ》士《セ》。権。相當正七位下。唐名司《シ》天《テン》。又霊《レイ》臺《タイ》郎《ラウ》
天文道任《ス》之《ニ》。近代五位已上任《ス》之《ニ》
漏《ロウ》剋《コク》博《ハカ》士《セ》。相當從七位下。唐名司《シ》辰《シン》。又挈《ケツ》壺《コ》正《セイ》。或司《シ》辰《シン》司《シ》刻《コク》
五位六位共《トモニ》任《ス》之《ニ》
内匠《タクミ》寮《レウ》。令《リヤウ》外《ゲ》。唐名少《セウ》府《フ》。掌《ツカサドル》工《コウ》匠《シヤウノ》事《コトヲ》
但《シ》近代木工修《シユ》理《リ》知《ル》其《ノ》事《コトヲ》。頗《フル》似《タリ》無《キニ》其《ソノ》實《ジツ》
頭《カミ》一人。無《ニ》権官。相當從五位上。唐名少《セウ》府《フ》監《カン》。或中《チウ》匠《シヤウ》令《レイ》
諸大夫及《ヒ》諸道《ノ》五位等《トウ》任《ス》之《ニ》

助《スケ》権　相当正六位下　同六位任之
唐名少《セウ》府《フ》監《カン》

允《セウ》大　少　唐名少府丞《セウ》　六位侍《ウト》任之

属《サツクワン》大　少　唐名少《セウ》府《フ》主事　已上中務被官《ニ》也

式《シキ》部《フ》省《シヤウ》　当唐吏《リ》部《ホウ》

周礼《ライ》天《テン》官《クワン》大《タイ》宰《サイ》之職《シヨク》也国《コク》家《カ》典《テン》章《シヤウ》皆是此官所統《スヘル》也本朝文《モン》官除《チヨ》授《シユ》考《カウ》選《セン》事令猶掌之

卿《キヤウ》一人　相当正四位下　七省《シヤウ》皆同之
唐名吏《リ》部《ホウ》尚《シヤウ》書《シヨ》

近代親《シン》王四《シ》品《ホン》已上任之人《シン》臣《シン》任之希例也

凡当職其寄異他毎年於本省《シヤウ》行諸国一分

召《メシ》也。一分召者《メシトハ》任《ニ》諸國史生《シヤウシ》之名《ナリ》也。史生謂《フ》
之一分。内《ナイ》給院宮《ヰンクウ》大臣已下參議已上皆有《リ》
年給《キフ》。式部卿《キヤウ》行《オコナフ》之《ヲ》也。近代其禮《レイ》久絕《タエ》。畢《ハンヌ》件日《クダンノヒハ》
者式部卿乘《ル》庇《ヒサシ》指絲毛車《イトゲノクルマニ》。殿上丞《テンシヤウノジヨウ》一人乘《ル》結《ユフ》下《ニ》
唐尾《カラヲ》馬前驅《ムマセンク》云々
大輔《タイフ オホヒスケ》一人。權一人
唐名吏部大卿又吏部侍郎或考功郎中
近代儒中二位三位帶《タイス》之《ヲ》
少輔《セフ スナイスケ》一人。權一人。相當從五位下
唐名吏部郎中又吏部員外郎又大常少卿
儒中之重職也。仍他人不任之。
清

大《タイ》丞《ジヨウ》二人 相當正六位下。七《シツ》省《シヤウ》丞《ジヨウ》相當皆《ミナ》同《オナジ》。
唐名吏部郎中。
少《セウ》丞《ジヨウ》二人 相當從六位上。丞又云侍《フ》郎《ラウ》。吏部侍郎職ハ
侍中著緋初出紫微宮云々
是六位藏人為式部丞而敘《ジヨ》爵《シヤク》時事也
當《タウ》省《シヤウ》并《ナラビニ》民《ミン》部《ブノ》丞《ジヨウ》謂《イフ》之二省丞必可給爵者所
任也但式部者可然諸大夫云良家子是也任之民
部者侍《サブラヒ》之中宿《シユク》老《ラウ》重代輩《トモガラ》任之号民部大夫
五位是也假令檢《ケン》非《ビ》違《井》使《シ》受《ジユ》領《リヤウ》等次也抑當
省丞者依闕《ケツ》所任也若無其闕《ケツ》者以大丞上
臈《ラフ》令敘《ジヨ》爵《シヤク》次第轉任加新任者也又敘《ジヨ》爵《シヤク》時

乃去其職《シヨク》

録《サクワン》 大 正七位上 唐名吏部主事
少 正八位上 唐名國子監

大學寮《タイカクレウ》

頭《カミ》一人 無權官 相當從五位上 凡諸《シヨ》寮《レウ》頭《カミ》權《ゴン》官有《イウ》無不同 唐名國子祭酒

大《タイ》學《カク》寮《レウ》者四道儒士出《シユツ》身《シン》之處也和《ワ》漢《カン》為

重《チヨウ》職《シヨク》紀傳明《ミヤウ》經明《ミヤウ》法《ホウ》筭《サン》道謂之四道又當寮

安《アン》置先聖先師九《ク》哲春秋二仲釋奠有東西

二曹《サウ》菅《カン》江二家為其曹主諸氏出身之儒訪

道於此二家而已寮頭者儒中之撰也但雖

非《ヒ》儒《ジユト》又有《リ》例《レイ》

諸《シヨ》大夫《タイフ》任《ス》之《ニ》

助《スケ》 権助。 相當正六位下 唐名國《コク》子《シ》司《シ》業《ケフ》

允《セウ》 大少。 相當七位 唐名國子丞《ショウ》

近代六位任《ニンス》之《ニ》

屬《サツクワ》 大少。 唐名國子主簿《ホ》

令外 文《モン》章《ジヤウ》濁 博《ハカ》士《セ》二人。 相當從五位下 唐名翰《カン》林《リン》主《シユ》人《ジン》 又翰《カン》林學《ガク》士《シ》

紀《キ》傳《デン》道《タウノ》儒《ジユ》士《シノ》之撰《セン》也。異《イ》朝《テウ》殊《コトニ》重《オモンス》之居《コスル》此《コノ》職《シヨクニ》者《ハ》

必《カナラス》轉《テンスル》于參《サン》議《ギニ》也。又詔《シヨウ》勅《チヨク》等《トウ》悉《コトゝゝク》學《ガク》士《シノ》所書《カク》也。

本《ホン》朝《テウ》同《シク》雖《トモ》主《ツカサトルト》文《ブン》章《ジヤウ》於詔《シヨウ》勅《チヨクニ》者《ハ》内《ナイ》記《キノ》之所掌《ツカサトル》也

博《ハカ》士《セ》一人。 ブンヤノハカセ 相當正六位下 唐名大《タイ》學《カク》博士

明《ミヤウ》經《キヤウ》道《ダウ》之極《キヨク》官《クワン》也。中《チウ》古《コ》以《イ》來《ライ》請《セイ》中《チウ》兩《リヤウ》家《ケ》依位

次《シ》任《シス》之号《カウス》大《タイ》博《ハカ》士《セ》也。近《キン》代《タイ》五《コ》位《井ノ》官也

助《ジヨ》教《ケウ》二人。 相當正七位下 唐名國《コク》子《シ》助《ジヨ》教《ケウ》

同道輩任《ス》之近代五位已上之例也

令外
直《チヨク》講《カウ》二人。 相當正七位下 唐名直《チヨク》學《カク》士 同上

音《イン》博《ハカ》士《セ》二人。 相當從七位上 唐名音《イン》儒

同道末《バツ》儒《ジユ》官也。近代《タイ》五位已上

書《シヨ》博《ハカ》士《セ》二人。 相當從七位下 唐名書《シヨ》儒《ジユ》 同上

明《ミヤウ》法《ホウ》博《ハカ》士《セ》二人。 相當正七位下 唐名律《リツ》學《カク》博士

明《ミヤウ》法《ホウ》道《ダウノ》之極《キヨク》官《ナリ》也中《チウ》古以《イ》来《ライ》坂上《サカノウヘ》中《ナカ》原《ハラノ》両流《リヤウリウ》
為《シテ》法《ホツ》家《ケノ》儒《ジユ》門《モント》以《テ》當職《シヨクヲ》為《ス》前途《セント》

算《サン》博《ハカ》士《セ》二人　相當從七位上　唐名筭《サン》学《カク》博士　筭与算同

筭《サン》道《ダウノ》之極《キヨク》官《クワンナリ》也筭《サン》道《ダウハ》者三《ミ》善《ヨシ》氏《ウヂ》傳《ツタフ》之仍《ヨツテ》一《イチ》人《ニンハ》
者必《カナラス》用《モチヰル》其《ソノ》家《イヘノ》儒《ジユヲ》也今《イマ》一《イチ》人《ニンハ》小《ヲ》槻《ツキ》氏《ウヂ》任《ニンス》之善《ゼン》家《ケハ》
者習《ナラヘリ》筭《サン》術《シユツヲ》也小《ヲ》槻《ツキ》氏《ウヂハ》者為《タメニ》諸《シヨ》國《コク》調《テウ》賦《フ》筭《サン》勘《カンノ》居《コスト》
其《ノ》職《シヨクト》云々

凡《ヲヨソ》四《シ》道《ダウノ》儒者第《ダイ》一《イツ》等《トウハ》秀《シウ》才《サイ》第《ダイ》二《ニ》等《トウハ》明《ミヤウ》經《キヤウ》第《ダイ》三等《トウハ》
明《ミヤウ》法《ホウ》筭《サン》道《ナリ》也見《ミエ》令《リヤウ》條《デウニ》紀《キ》傳《デンノ》儒《ジユハ》者古《コ》来《ライ》多《クハ》有《リ》登《トウ》用《ヨウ》

之人大業之儒任大臣菅氏及粟田大臣在衡公等是也至今日野南家儒昇納言日野俊光卿始任大納言畢菅家相續又任參議者也明經者昔愛成為寛平侍讀聽昇殿其後清中兩流立其家以來以外史局務為先途或以候院上北面列執政家別當為極望近至先朝清原良枝眞人為二代侍讀作七旬耆老口奉授六經之說古今未曾有云々仍有勅問被聽昇殿其子頼元又繼父跡昇殿畢明法者昔

允《スケ》亮《アキ》道《ミチ》成《ナリ》等《トウ》以當道《タウタウ》任《ニンス》廷《テイ》尉《ヰノ》佐《スケ》勘《カ》解《ゲ》由《ユノ》次官《クワン》等《トウニ》
坂《ン》中《チウ》兩《リヤウ》家《カ》立《タテヽヨリ》家《イヱヲ》以《ヨリ》來《カタ》以《ナ》廷《テイ》尉《ヰ》法《ホウ》儒《ジユ》大《タイ》判《ハン》事《ジ》為《ス》先《セン》
途《ド》又候《ノコル》院《ヰンノ》下《ゲ》北《ホク》面《メン》執《シツ》柄《ハイ》家《ケ》已《イ》下《ケノ》侍《ヲ》所《ロ》輩《カラ》等《トウ》有《リ》之《コレ》
中《ナカ》原《ハラノ》章《アキ》職《モト》其《ソノ》子《コ》章《アキ》任《タフ》等《トウ》依《コテ》為《タルニ》侍《ジ》讀《トク》致《イタス》訴《ソ》訟《セウ》被《ル》聽《ユルサ》
院《ノ》上《シヤウ》北《ホク》面《メン》其《ソノ》後《ノチ》章《アキ》任《タフ》任《シラ》修《シユ》理《リノ》權《ゴン》大《ダイ》夫《ブ》畢《ハンヌ》竿《サン》道《ダウハ》者
當《ソノ》初《カミ》尤《トモ》微《ビ》〻也《ナリ》而《ルヲ》王《ミ》善《ヨシノ》雅《モ》衡《ヒラ》屬《ソクシテ》權《ケ》貴《キニ》起《シコメ》其《ノ》家子《シ》
孫《ソン》補《フス》六《ロク》位《ヰノ》藏《クラフト》人《ニ》至《イタテハ》遠《トホ》衡《ヒラ》朝《トモ》衡《ヒラニ》者剰《アマツサヘ》聽《ユル》仙《セン》籍《セキヲ》訖《ヲハンヌ》
治《ヂ》部《ブ》省《シヤウ》　當唐《ノ》礼部
周《シユ》禮《ライノ》春《シユン》官《クワン》大《タイ》宗《ソウ》伯《ハクノ》之職《シヨクナリ》也天《テン》地《チ》神《ジン》祇《ギノ》之禮《レイ》此《コノ》官《クワンノ》

之所《ナリ》掌《ツカサトル》也本朝《テウ》又當《タウ》省《シヤウ》掌《トル》禮儀事《コトシ》准《ジユンセハ》唐《タウノ》禮《レイニ》者神《ジン》祇《キ》官《クワン》唐《ニハ》云《フ》祠《シ》部《ホウト》可《ナリ》屬《ゾクス》此《ノ》省《シヤウニ》也當《タウ》時《シ》此《コノ》省《シヤウノ》所《ロハ》掌《ツカサトル》雅《カ》樂《カクノ》事《コト》僧《ソウ》尼《ニノ》度《ト》緣《エン》廟《ベウ》陵《リヤウ》等《トウノ》事《コトナリ》也

卿《キヤウ》一人　相當正四位下　唐名礼《レイ》部《ホウ》尚《シヤウ》書《シヨ》　大《タイ》常《シヤウ》卿《ケイ》

四位《ヰ》已《イ》上《シヤウ》任《ニンス》之多《ク》爲《タリ》公《ク》卿《キヤウノ》兼《ケン》官《クワン》

大《タ》輔《イフ》一人　權大輔一人　相當正五位下　唐名礼《レイ》部《ホウ》侍郎

少《セウ》輔一人　權少輔一人　相當從五位下　唐名同前

名《メイ》家《カノ》五位《ヰ》任《ニンス》之公《キン》達《タチ》又任《ス》之

丞《ジヤウ》大少　唐名礼《レイ》部《ホウ》郎《ラウ》中《チウ》

六《ロク》位《井ノ》侍《ラヒ》任《ス》之

録《サツクワン》大少 唐名礼部主事

雅《ガ》樂《ガク》寮《レウ》 唐名大《タイ》樂《ガク》 掌《ツカサトル》音樂《ガク》事《ヲ》

頭《カミ》一人 無權官 相當從五位上

五位諸《シヨ》大《タイ》夫《フ》任《ス》之《ニ》 唐名大《タイ》樂《ガク》令 協律郎 堪《タヘタル》音《イン》律《リツ》者《モノ》可《キ》應《アル》其《ノ》選《セン》歟

助《スケ》一人 權助《スケ》一人 相當正六位下 唐名大《タイ》樂《ガク》郎

六位諸大夫任《ス》之《ニ》

允《セウ》大少 唐名大《タイ》樂《ガク》丞《ジヨウ》 六位侍《サフラヒ》任《ス》之《ニ》

屬《サツクワン》大少

玄《ゲン》蕃《バン》寮《リヨウ》 唐名鴻臚寺 掌《ツカサトル》諸《シヨ》蕃《バンノ》事《コト》并《ヒ》僧《ソウ》尼《ニ》度《ト》縁《エンノ》事《コトヲ》

頭《カミ》一人　無権官　相当従五位上

五位諸大夫任之　唐名鴻臚《ロ》卿、典《テン》客《カク》郎《ラウ》中《チウ》

近例多以諸道輩《カラ》任之

助《スケ》一人　権助一人　相当正六位下　唐名鴻臚少卿

同六位任之

允《セウ》大少　唐名鴻臚丞《シヨウ》　属《サツクワン》大少

諸《ミ》陵《サヽキ》寮《レウ》《ミサヽキノツカサ》　唐名廟《ヘウ》陵《レウ》署《シヨ》

掌諸《モロ〳〵》御陵《レウ》事

頭《カミ》一人　無権官　相当従五位上　唐名廟《ヘウ》陵《レウ》令

近代賀《カ》家《ケ》陰《ヲン》陽《ヤウ》師《ジ》五位已上任之

助《スケ》一人　権助　唐名廟《ヘウ》陵《レウ》監《ケン》

允《セウ》大少　唐名廟陵丞

屬《サツクワン》大少　唐名諸《シヨ》陵《レウ》録《ロク》事《シ》

為《タリ》禁《キン》忌《キ》之官仍《ヨテ》寮《レウ》頭《トウ》之外《ホカ》強《アナガチ》不《ス》任《セ》之《ニ》

民《ミン》部《ブ》省《シヤウ》《タミノツカサ》　當唐戸《コ》部《ホウ》

周《シユ》禮《ライ》地《チ》官《クワン》大《タイ》司《シ》徒《ト》之職《シヨク》也《ナリ》邦《ハウ》國《コク》土《ト》地《チ》之圖《ヅ》戸《コ》口《ク》

人《ミン》民《ミン》之數《スウ》此官之所知也本朝又如此《カクノ》天下之

戸《コ》口《ク》皆《ナ》掌《ツカサトル》之又有圖《ヅ》帳《チヤウ》國《コク》郡《グン》膀《ハウ》示《ジ》載《ノセテ》以明《メイ》白《ハクナリ》謂《フ》

之民部省圖《シヤウノヅ》帳《チヤウト》

卿《キヤウ》《カミ》一人　相當正四位下　唐名戸《コ》部《ホウ》尚《シヤウ》書《シヨ》

當省卿《シヤウノキヤウハ》者雖《トモ》為《タリト》四位相當古来公卿兼官也《ナリ》

仍無四位拜任之例《レイ》多是納言以上兼《カヌ》之仍
中《チウ》式《シキ》之外以此卿《キヤウ》為重也
大《タ》輔《イフ》一人　權大輔一人　相當正五位下
唐名戸《コ》部侍《シ》郎《ラウ》
少《セウ》輔《フ》一人　權少輔一人　相當從五位下
唐名同　員《ヰン》外《グワイ》郎《ラウ》欤
名《メイ》家《カ》輩《トモカラ》任之未取下之官也
丞《ジヨウ》大二人　少二人　唐名戸部郎《ラウ》中《チウ》
可然之六位侍任之必可敍爵之故為重職
也見式《シキ》部《ブ》丞《ジヨウ》之所
錄《サウクワン》大少　唐名戸《コ》部主《シユ》事

主《カ》計《ズヘ》寮《レウ》　唐名金《キン》部《ホウ》　又度《タク》支
頭《カミ》一人　無權官　相當従五位下　唐名金《キン》部《ホウ》郎《ラウ》中《チウ》　又度《タク》支郎中
諸道中為《タル》五位者任《ス》之
助《スケ》一人　權助一人　相當正六位下　唐名金《キン》部《ホウ》員《イン》外郎《ラウ》
同輩《トモガラ》為《タル》六《ロク》位《ヰ》者任《ス》之　近代五位任《ス》之
允《セウ》　大少　六位侍任之
屬《サツクワン》　大少
主《シユ》税《ゼイ》寮《レウ》　唐名倉《サウ》部《ホウ》　又云屯《トン》田《デン》
同前

凡《ヲヨソ》主計《カスヘ》主税《チカラ》謂《イフ》之二寮《レウト》當《タウ》頭《カミ》助《スケハ》為《タリ》重《テウ》任《ニン》給《タマハラ》爵《シヤクヲ》之後《ノチ》任《ニスト》受《ジユ》領《リヤウニ》云々、近《キン》代《ダイ》必《ス》不《ス》然《シカラ》也、主計《ハ》者掌《ル》天下《カノ》戸《コ》口《クノ》員《キ》數《ヒユ》筭《サン》勘《カンジ》也、主税《チカラハ》者掌《ツカサトル》正《シヤウ》税《セイヲ》也、依《テ》之《ニ》多《クハ》者諸《シヨ》道《ダウノ》輩《カラ》任《ニンス》之《ニ》

兵《ヒヤウ》部《ブ》省《シヤウ》　當唐兵《ヘイ》部《ホウニ》

周《シユ》禮《ライ》夏《カ》官《クワン》大《タイ》司《シ》馬《バノ》之職《シヨクナリ》也、軍《グン》旅《リヨノ》兵《ヘイ》馬《ハ》及《ヲヨヒ》諸《モロ〳〵ノ》武《フ》官之籍《シヤク》皆《ミナ》是當官之所《ナリ》掌《ツカサトル》也、本朝《テウ》又同《シテ》之《ニ》

卿《キヤウ》一人　相當正四位下（従イ）　唐名兵《ヘイ》部《ホウ》尚《シヤウ》書《ショ》・衛《エイ》尉《ヰ》卿《ケイ》

近代多《クハ》為《タリ》公卿《キヤウ》已《イ》上《ノ》兼《ケン》官《クワン》四位不《ス》任《ニンセ》之或《ヒハ》又

親《シン》王《ワウ》任《シス》之《ニ》凡《ソ》八《ハツ》省《シヤウノ》中《ナカ》中《ナカ》務《ツカサ》式《シキ》部《フハ》親王官也《ナリ》兵《ヒヤウ》
部《フハ》時《トキ》ゝ任《シス》之《ニ》此外《カ》不《ス》任《セ》親王公卿以上任《ス》之《ニ》
民《ミン》部《フ》兵《ヒヤウ》部《フ》此為重《オモシト》治《ヂ》部《ブ》刑《ギヤウ》部《ブ》其次《ツギナリ》也大《オホ》藏《クラ》宮
内《ナイ》又其次《ツギナリ》也然《レハ》乃《ハチ》治部刑部大藏宮内雖《ハ》四《トモニ》
品《ホンノ》侍《ジ》臣《ト》任《ス》之《ニ》民《ミン》部《フ》兵《ヒヤウ》部《フハ》更《ヒラニ》不《ス》任《セ》四品侍《ジ》臣《シン》等《ラニ》
也

大《タ》輔《タフ》一人　権大輔　相當正五位下　唐名兵部侍郎《ラウ》

少輔《セフ》一人　権少輔　相當從五位下　唐名同

名《メイ》家《カノ》五位任《シス》之《ニ》公《キン》達《ダチ》又任《ス》之《ニ》八省輔《フノ》之中《ナカニ》長

部《フ》治部兵部名《メイ》家《カ》執《シツス》之《シ》仍《テ》地《ヂ》下《ケ》諸《シヨ》大《タイ》夫《フ》等《トウ》細

細不任之

丞《ジヨウ》大少。唐名兵部郎《ラウ》中《チウ》。

六位諸大夫幷《ナラビニ》譜《フ》第《ダイノ》可《キ》然《シカル》之侍任《ス》之當省丞《ジヨウ》

本為重職式兵相並故《ユヘニ》武《ブ》官《クワン》除授等《トウ》令奉《フ》行《ギヤウセ》

之近來《ライ》無沙《サ》汰《タ》不可然事《コトナリ》也

録《サツクワン》大少。唐名兵《ヘイ》部《ホウ》主事。

隼人司《ハイトノツカサ》唐名布《フ》護《コ》署《シヨ》此《コレヨリ》已《イ》下《ゲノ》諸《シヨ》司無權《ゴン》官幷《ヒニ》次官《クワン》

正一人　相當正六位下　唐名布《フ》護《コ》將軍《グン》

諸大夫任《ス》之《ヲ》但《シ》近《モ》代《タイ》諸《シヨ》道《ダウ》及《ヨヒ》侍《ラヒ》等《トウ》多《クハ》任《ス》之《ニ》五位六位共《トモニ》任《ス》之《ニ》但《シ》侍《サフラヒハ》者五位之《ノ》後《ノチ》可《シ》任《ニンス》之《ニ》

佑《セウ》

唐名布《フ》護《ゴ》少《セウ》尹《イ》

六位侍任之《ニ》元《モトハ》者正八位官也《ナリ》

令史《サツクワン》

唐名布護主簿

相當大《タイ》初《シヨ》下

刑《ギヤウ》部《フ》省《シヤウ》

當唐刑《ケイ》部《ホウ》

周《シユ》禮《ライ》秋《シウ》官《クワン》大《タイ》司《シ》寇《コウノ》之職《シヨクナリ》也断《ジン》獄《ギヨク》刑《ケイ》法《ハフ》及《ニ》諸《モロ〳〵》訴《ソ》訟《シヨウ》當《タウ》省《シヤウノ》所《ロナリ》掌《ツカサトル》也本朝《テウ》先例《レイ》如《ニ》此《カクノ》然《トモ》而被《レテ》置《オカ》検《ケ》非《ビ》違《イ》使《シノ》之後刑《ギヤウ》部《ブノ》職《シヨク》掌《シヤウ》有《テ》名《ナ》无《ニ》實《ジツ》但《シ》行《オコナフ》贖《ゾク》銅《ドウ》等《トウノ》罪《ツミヲ》之

時《トキ》循《シタカウ》移《ウツル》于當《タウ》省《シヤウ》者也

卿《キヤウ》一人。相當正四位下　唐名刑《ケイ》部《ホウ》尚《シヤウ》書《シヨ》　大《タイ》理《リ》卿《ケイ》

四位已《イ》上《シヤウ》任《ス》之。雖《トモ》公卿《ト》又任《ミス》之

大《タ》輔《イフ》一人。權大輔一人。相當正五位下　唐名刑《ケイ》部《ホウ》侍《シ》郎《ラウ》

少輔一人。權少輔一人。相當從五位下　唐名同

名《メイ》家《カ》五位《ヰ》及諸大夫五位任《ス》之。近《キン》來《ライ》雖《トモ》侍《サフラヒ》五位《ト》任《ス》之。抽《チウ》賞《シヤウ》之儀《ナ》欤《カ》。不《ル》打《ケ》任《オセ》事《コトナリ》也

丞《セウ》大少。唐名刑《ギヤウ》部《ホウ》郎《ラウ》中《チウ》

六位侍《サフラヒ》任《ス》之。但雖《トモ》諸大夫任《ス》之。頼《ヨリ》義《ヨシ》朝臣男

義《ヨシ》光《ミツ》久《ヒサ》為《タリ》刑部丞《ジヨウ》

録《サツクワン》 大少《クワン》 唐名刑部《ギヤウブ》主事《シユジ》

大《ダイ》判《ハン》事《ジ》一人　相當正五位下　唐名司直《チヨク》　大理正《タイリセイ》　決断令《ケツダンレイ》　理正《セイ》司　司直《チヨク》許《キヨ》事

明《ミヤウ》法《ホウ》道輩《トモガラ》任之《ス》為《タリ》極《キヨク》官

中《チウ》判《ハン》事《ジ》一人　近代不任之

少《セウ》判《ハン》事《ジ》二人　相當從六位下　明法道輩《カラ》兼之《ヌ》

囚《ヒトヤノ》獄《ゴク》司　唐名断獄署《シヨ》　掌《ツカサトル》獄《ゴク》舎《シヤ》事

正《カミ》一人　相當正六位上　唐名断獄令

佑　相當從七位下　唐名断獄丞《ジヨウ》

令《サウ》史《クワン》　近代不必任此司若憚名《メイ》号《ガウ》歟

大《オホ》藏《クラ》省《シヤウ》《オホイクラノツカサ》　唐名大《タ》府《フ》寺《シ》

周《シユ》禮《ライ》地官吏《リ》部《ホウ》之屬《タクヒ》歟《カ》本朝別置當省《シヤウヲ》不協《カナハ》異
朝之准《ジユン》據《キヨ》者也此省《シヤウ》掌諸國租税《セイ》諸《シヨ》公事之時
成《ナシ》切《キリ》下《クダシ》文《ブミ》令支配《ハイセ》于國《クニ》矣

卿《キヤウ》一人　相當正四位下　唐名大《タ》府《フ》卿《ケイ》
四位已上任之雖公卿又任之

大輔一人　權大輔一人　相當正五位下　唐名大府侍郎《ラウ》歟

少輔一人　權少輔一人　相當從五位下

名家殿上人及地下諸大夫共任之近代諸

道及侍五位等《トウ》任之畢八省輔《フ》中頗被取下
者也仍可然之殿上人《ヒト》不望之
丞《ジヨウ》大少　唐名大府《フ》郎《ラウ》中《チウ》歟　六位侍任之
昔者為重職給爵《シヤウ》之後《ノチ》任受領云々
録《サクワン》大少　唐名大府主簿
織部司《ツカサ》　唐名織《シヨク》染《セン》署《シヨ》　掌織部事
正《カミ》一人　相當正六位下　唐名織《シヨク》染令《レイ》
五位諸大夫諸道輩《カラ》等《トウ》任之昔者當《タウ》司依功《コウ》
労任受領云々

佑《セウ》相當正八位上　唐名織《シヨク》染《セン》令《レイ》　六位侍任之

令《サツ》史《クワン》　唐名織《シヨク》染《セン》史

宮《ク》内《ナイ》省《シヤウ》《ミヤノウチノツカサ》　當唐工《コウ》部《ホウ》

周禮冬官考《カウ》工《コウ》之職也百《ヒヤク》工《コウ》事當省所掌也本朝又如此宮《キウ》内《タイ》大少務《ム》又此省知之其職似分中《ナカ》務《ツカサ》

卿《キヤウ》一人　相當正四位下　唐名工《コウ》部《ホウ》尚《シヤウ》書《シヨ》　光《クワウ》禄《ロク》少《セウ》卿《ケイ》　殿《テン》中《チウ》監《カン》　司《シ》農《ノウ》卿《ケイ》

四位已上任之雖公卿又任之

大輔一人　權大輔一人　相當正五位下　唐名工《コウ》部《ホウ》侍《シ》郎《ラウ》

少輔《セフ》一人。権少輔一人。相當從五位下
唐名同員外《グワイ》郎《ラウ》歟

名家殿上人及諸大夫五位任之。

丞《ジョウ》。大少　唐名工部郎中。　六位侍任之。

録《サクワン》。大少　唐名工部主事。

大《タイ》膳《セン》職《シキ》　唐名大官《クワン》署《ショ》又光《クワウ》禄《ロク》。　掌所々饗《キャウ》膳《セン》事《コトゝ》

大夫《ダイブ》一人。権大夫一人。相當正五位下。元ハ正五位上
唐名大《タイ》官《クワン》令。弘仁改從四位下ト云々

殿上四位五位地下諸大夫共任之。華族殿

上人強《アナガチ》不任之。

亮《スケ》　権亮。　相當從五位下

諸大《タイ》夫《フ》侍《サフラヒ》共任之諸司助《スケ》之中《ナカ》近代頗《スコフル》為輕《カロニト》
而諸《シヨ》司《シ》助多是六位相當也當職亮相當五
位也近代為輕不叶《カナハ》其理

進《シン》　大少　唐名大《タイ》官《クワン》丞《ジヨウ》　六位侍任之

屬《サツクワ》　大　正八位下　唐名大官史
　　少　従八位上

木《ム》工《ク》寮《レウ》《コダクミノツカサ》　唐名將作監　掌工匠《シヤウ》事

頭《カミ》一人　権頭一人　相當従五位上　唐名木《ホクノ》作《サク》尹
　工部尚書　將作大匠

頭《カミハ》者名《メイ》家《カ》五位殿上人多任之権頭《カミハ》者諸大
夫五位中可然之輩《トモカラ》任之

助《スケ》 権 相當正六位上 六位諸大夫任《ス》之《ニ》
唐名工部郎中 又木《ホク》作《サ》丞《セウ》

允《セウ》 唐名工部郎 又將《シヤウ》作《サ》丞《セウ》

屬《サツクワン》 大少 唐名工部主《シユ》事《シ》 又左《サ》校《カウ》史《シ》
又將作主《シユ》簿《ボ》

大《オホ》炊《ヒ》寮《レウ》 唐名大《タイ》倉《サウ》署《シヨ》

掌《ツカサトル》諸國御《ゴ》稲《タウ》田《デン》及《ヒ》公《コウ》私《シ》熟《ジユク》食《ジキ》等事

頭《カミ》一人 無権官 相當從五位下
唐名大《タイ》倉《サウ》令《レイ》 道《タウ》官《クワン》令《レイ》

五位諸大夫任《ス》之《ニ》近代大外記中《ナカ》原《ハラノ》師《モロ》遠《トホカ》子

孫《ソン》相傳《テンス》之温《シン》職《シヨク》中《ノ》尤《モ》膏《カウ》腴也

助《スケ》 権助 唐名主《シユ》簿 六位諸《シヨ》大《タイ》夫任《ニンス》之

允《セウ》大少　唐名大《タイ》倉《サウ》丞《ジョウ》　六位侍《ラヒ》任《ス》之《ニ》

屬《サツクワン》大少　唐名大倉《サウ》史《シ》

主殿寮《トノモリノツカサ》　唐名尚《シヤウ》倉《サウ》局《キョク》　掌《ツカサトル》殿《テン》上《シヤウ》殿《テン》下《ノ》灑《セイ》掃《サウノ》事《コトヲ》

頭《カミ》一人　无《シ》權官　相當從五位下　唐名尚《シヤウ》倉《サウ》奉《フ》御《ギョ》　殿《テン》中《チウ》監《カン》

五位諸大夫任《ス》之《ニ》近代小《ヲ》槻《ヅキ》家《ケ》　隆《タカ》職《モト》流《リウ》　相傳《テンメ》任《ス》

之《ニ》

助《スケ》　權助　六位諸大夫任《ス》之《ニ》

允《セウ》大少　唐名尚《シヤウ》倉《サウ》丞《ジョウ》　六位侍《サフラヒ》任《ス》之《ニ》

屬《サツクワン》大少　唐名尚《シヤウ》倉《サウ》令《レイ》史《シ》

典《テン》薬《ヤク》寮《レウ》　唐名大《タイ》醫《イ》署《シヨ》　又尚《シヤウ》薬《ヤク》局《キヨク》

頭《カミ》一人　無《ム》権官　相当従五位下　唐名大《タイ》醫令《レイ》　尚《シヤウ》薬《ヤク》奉《ブ》御《ギヨ》

醫道極《キヨク》官《クワン》也他人不《ス》任《ニンセ》之

助《スケ》　権助　相当従五位下　唐名大《タイ》醫正云々

同輩五位六位共任《ス》之

允《セウ》大少　唐名大《タイ》醫丞《シヨウ》

同輩門徒《ト》可任之歟、他人強《アナガチ》不任《ニンセ》之

属《サクワン》大少　唐名大《タイ》醫史《シ》

醫博《ハカ》士《セ》　相当正七位下　唐名大《タイ》醫博《ハカ》士《セ》　醫薬《ヤク》儒

醫《井》道任《ス》之《ニ》近代多《ハ》是《レ》五位《ナリ》也

今外
女《ニヨ》醫《井》博《ハク》士《セ》　相當唐名同《シ》上《ニ》

針《シン》博《ハク》士《セ》　相當從七位下　唐名主針《シン》儒　同《シ》上《ニ》

侍《シ》醫《井》《オホクスシ オモトクスシ》　相當正六位下　唐名侍《シ》御《キヨ》醫《井》

當《タウ》道《ニ》重《オモンスル》之《コト》歟《カ》侍《ジ》醫《イノ》其《ノ》職《シヨク》此《シ》云《フ》半《ハン》昇《シヨウ》殿《デン》常《ツネニ》候《スル》

禁《キン》中《チウニ》故《ニ》稱《スル》侍《シ》醫《ト》也　主《シユ》上《シヤウ》出《シユツ》御《ギヨノ》殿《テ》上《ニ》之時《トキ》侍《シ》

醫《井》參《サンシテ》小《コ》板《イタ》敷《シキニ》奉《タテマツル》見《ミ》　龍《リヨウ》顔《カンヲ》故《カルカユヘニ》云《フ》半《ハン》昇《シヨウ》殿《デン》云々

近代四位五位任《ジス》之《ニ》

權《ゴン》侍《シ》醫《井》　同道五位六位任《ズル》之《ニ》歟

醫《ヰ》師《シ》　相當從五《セイ》位下　唐名司《シ》醫《ヰ》

掃《カ》部《モン》寮《リヨウ》　常ニハカモン　唐名洒《サイ》掃《サウ》署《シヨ》　掌《ツカサトル》鋪《フ》設《セツノ》事《コトヲ》

頭《カミ》一人　無《ニ》權官　相當從五位下　唐名洒《サイ》掃《サウ》尹《イン》　守《シウ》宮《キウ》令《レイ》

五位ノ諸大夫及ヒ諸道ノ五位任ス之ヲ近代大《タイ》外《ケ》記《キ》

中《ナカ》原《ハラ》師《モロ》光《ミツ》後《コウ》胤《イン》相《サウ》續《ゾクス》但シ於テハ今ニ者断《タヘ》畢《オハンヌ》歟《カ》

助《スケ》　權ノ助　相當從六位上　唐名洒掃《サウ》少《セウ》尹《イン》　六ノ位ノ諸大夫任ス之ヲ

允《セウ》　大少　唐名洒掃丞《シヨウ》　六ノ位ノ侍任ス之ニ

屬《サッククワン》　大少　唐名洒掃史《シ》

正《オホ》親《キミノ》司《ツカサ》　唐名宗《ソウ》正《セイ》寺《シ》　掌《ツカサトル》皇《クワウ》親《シン》籍《セキノ》事《コトヲ》

正《カミ》一人 相當正六位上 唐名宗《ソウ》正《セイ》卿《ケイ》

近代王《ワウ》氏《ジ》五位任《ス》之《ニ》他人所《ノ》任《ニ》避《カイ》逅《コウ》也

佑《ゼウ》 相當從七位下 唐名宗正丞《ジョウ》 常《ニ》不《ル》任《ニ》之《ニ》

令《サッ》史《クワン》 唐名宗正録《ロク》事《シ》

内《ナイ》膳《ゼン》司《シ》《ウチノカシハテノツカサ》 唐名尚《シャウ》食《ショク》局《キョク》 掌《ル》御《コ》膳《ゼン》事《シ》

正一人 相當正六位上 唐名尚《シャウ》食《ショク》奉《フ》御《ギョ》

奉《ブ》膳《ゼン》一人 相當同上 唐名同

近代奉《フ》膳《ゼン》乃《チ》為《ス》正《カミト》高《タカ》橋《ハシノ》氏《ウヂ》相《ヒ》傳《テ》任《ス》之《ニ》令《ヨ》代《ヨ》不《ス》

任《シテ》正《カミニ》以《テ》奉《ブ》膳《ゼン》擬《ギス》正《カミニ》一流之外《ホカ》他人不《ス》居《コセ》

典膳《テンゼン》　相當從七位下　唐名尚《シヤウ》食《シヨク》直《チヨク》長《チヤウ》

令《サウ》史《クワン》　唐名尚《シヤウ》食《シヨク》史《シ》

已上膳《シヤウゼン》部外不任之

造酒司《ザウシユシ》　唐名良《リヤウ》醞署　掌御酒事

正一人　相當正六位上　唐名良醞令

近代諸道五位等任之

佑《セウ》　相當從七位下　唐名良醞丞　常不任之

令《サウ》史《クワン》　唐名良醞史

采女司　唐名采《サイ》女署

正《カミ》一人　相當正六位下
唐名采女令
同上。諸道中雖六位又任《ス》之。

佑《セウ》　相當正八位上
唐名采女丞《ジヨウ》
常不任之

令史《サクワン》
唐名采女史

主水司《モヒトリノツカサ》
モヒトノツカサ　常ニハモンドト云
唐名上林署云々不慥。或又膳部署。又不慥。

正《カミ》一人
相當從六位上
唐名上林藏氷　白漿令
同上。近代大外記清原《ハラ》頼《ヨリ》業《ナリ》眞人子孫相傳
任《ス》之

佑《セウ》　相當正八位下
唐名上林丞《ジヨウ》
常不任之

令《サウ》史《クワン》　唐名上林監《カン》事《ニ》

已上八《ハツ》省《シヤウ》畢《シハンヌ》

中《ナカ》務《ツカサ》者卿《キヤウ》以《イ》下《ゲ》相《サウ》當《タウ》稍《ヤヽ》高《カシ》七《シチ》省《シヤウ》相當皆《ナ》同《シ》然《ハ》乃《ナ》於《テハ》中務者《ニ》似《タリ》不《サルニ》混《コンセ》餘《ヨノ》省《シヤウニ》準《シユン》據《キヨスル》異朝之《ニ》故《ユヘ》歟《カ》凡《ヨソ》八省《シヤウノ》被《ヒ》官諸《シヨ》寮《レウノ》助《スケ》内《ク》藏《ラ》陰《オン》陽《ヤウ》玄《ゲン》蕃《バン》諸《ミサヽキ》陵典《テン》藥《ヤク》等者《ハ》所《マ》任《ミシヌル》已有《リ》其《ノ》道《ナ》仍《テ》諸大夫等不《ス》任《ニ》之《ノ》其外諸《シヨ》司《シノ》助《スケハ》諸大夫任《シス》之《ニ》侍《サフラヒ》以下不《ス》任《セ》之《ニ》皆《ナ》是《ヒ》可《ト》然《ル》之諸《シヨ》大夫官《ナリ》也但《タヽシ》至《テハ》二寮《リヤウノ》助《スケニ》者多《ク》以《テ》諸道任《シス》之《ニ》也至《テハ》允《セウニ》者一向六位侍《サフラヒ》官《ナリ》也諸司佑《ゼウハ》者諸《モロ〜》三分《ブンノ》中《ナカニ》頗《スコフル》

為《ヌ》劣《レツナリト》然《レトモ》而可《キナリ》随《フ》其人《ノ》所《ヨ》望《イウニ》也

以上上巻

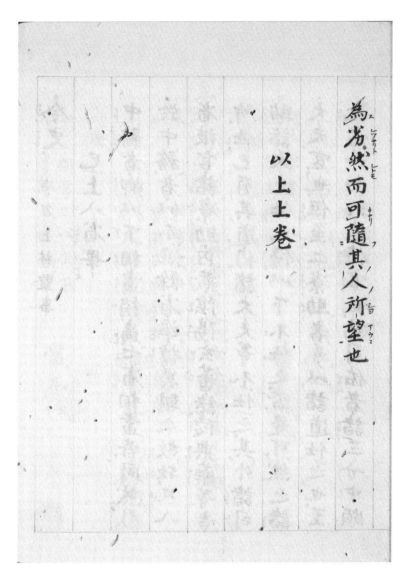

彈《ダン》正臺《ジヤウノタイ》　唐名御《ギヨ》史《シ》臺《ダイ》　又云霜《サウ》臺《ダイ》　又云憲《ケン》臺《ダイ》

掌《ツカサドル》糺《キウ》彈《ダンノ》事《コトヲ》近代其職《シヨク》掌《シヤウ》移《ウル》于檢《ケン》非《ビ》違《イ》使《シノ》廳《チヤウニ》至《ナ》

中古於《テ》洛中《ノ》巡中《ジユン》檢《ケンス》猶勤《ツトム》之当《タウ》時《ジ》已《スデニ》絕《タヘタリ》

尹《イン》一人　相當從三位　唐名御《ギヨ》史《シ》大《タイ》夫《フ》　元從四位改為從三位

多《ツネ》任《ス》親《シン》王《ワウ》或《ハ》大《タイ》納《ナ》言《ゴン》已上兼《カヌ》之《シ》　勅《チヨク》任《ニンノ》之官《クワンナリ》

也頗《スコブル》為《タリ》重職《ジヨク》

大《タイ》弼《ヒツ》一人　相當從四位下　元正五位下　唐名御《ギヨ》史《シ》中《チウ》丞《ジヨウ》

少《セウ》弼《ヒツ》一人　相當正五位下　唐名同《ジ》

殿《テン》上《ジヤウノ》四位五位官《ナリ》也為《タリ》顯《ケン》職《ジヨク》近來多及《ブ》地《ヂ》下《ゲニ》

無《ム》念《エン》之儀

忠《チウ》　大　相當正六位上　唐名侍御《ギヨ》史

　　少　相當正六位下

六位諸大夫同侍《シキ》等《トウ》任《シス》之相當已《スデニ》高《タカキ》之上《ウヘ》為《タルナリ》顯《ケン》職《シヨク》也近《キン》來《ライ》為《タリ》靫《ユキ》負《エノ》尉《セウノ》下《シタ》官《ツカサ》也不《ル》叶《カナハ》理歟

疏《サクワン》　大　唐名御《ギヨ》史録《ロク》事　靫《ユケイ》負足家假名遣

　　少　唐名京《ケイ》兆《テウ》又馮《フ》翊《ヨク》

左《サ》京《キヤウ》職《シヨク》

掌《ツカサトル》京《キヤウ》中《ノ》事昔者宅《タク》地《チ》以《イ》下《ゲ》悉《コトゴトク》京《キヤウ》職《シキ》之所知也

近代移《ウツル》于檢《ケン》非違使廳《チヤウ》

大《ダイ》夫《ブ》一人　相當從四位下　唐名京《ケイ》兆《テウ》尹《イン》

四位已上任《シス》之或為《ハタリ》公卿《キヤウ》兼《ケ》官《グワン》

権《ゴン》大《タイ》夫《フ》一人

四位殿上人《ド》諸《ヨ》大夫共任《ス》之於《テハ》諸大夫者為《タリ》

抽《チウ》賞《シヤウ》之儀《キ》

亮《スケ》

権亮　相当従五位下

唐名京《ケイ》兆《テウ》少《セウ》尹《イン》

五位諸大夫任《ス》之雖《トモ》六位又任《ス》之相当五位《ナリ》

也不《ス》可准《ジユンズ》自《ジ》餘《ヨ》頗《フル》為《タリ》重《テウ》職《ジヨク》

進《シン》

大　従六位下

少　正七位下

唐名京《ケイ》兆《テウ》司《シ》録《ロク》六位侍《ラヒ》任《ス》之

属《サクワン》

大　正八位下

少　従八位上

唐名京兆録《ロク》事

東市司《ヒンカシノイチノツカサ》　唐名市署《シヨ》　掌《ツカサトル》市《イチノ》事《コトヲ》

正《カミ》一人　相当正六位上　唐名市《シ》令《レイ》

諸道《ミチノ》五位六位及《ヒ》院《ノ》主《シユ》典《テン》代《ダイ》蔵《クラ》人《ウト》所《トコロノ》出《シユツ》納《ナフ》等《トウ》

任《ス》之

佑《ゼウ》　相当従七位下　唐名市《シ》丞《ジヨウ》

令史《サクワン》　唐名市《シ》録《ロク》事《シ》　常《ニ》不《ズ》任《ニンセ》之

右京職《ウキヤウシキ》　同《シ》左

西市司《ニシノイチノツカサ》　同《シ》東

東宮《トウグウ》　唐名龍《リヨウ》楼《ロウ》　又鶴《カク》禁《キン》　又銀《ギン》榜《バウ》

東《トウ》宮《グウ》春《トウ》宮《グウ》是《レ》一《ヒトツナリ》也然《レトモ》而傳《フ》學《ガク》士《ジ》此《レ》為《ス》東《トウ》宮《グウ》官《クワン》

大《ダイ》夫《ブ》以《ノ》下《ゲ》為《ス》坊《バウ》官《クワン》古《コ》來《ライ》如《シ》斯《カクノ》

傳《フ》一人

相當正四位上

唐名太《タイ》子《シノ》大《タイ》傅《フ》

唐《タウ》朝《テウニハ》太《タイ》子《シニ》有《リ》大《タイ》師《シ》大《タイ》傅《フ》大《タイ》保《ホウ》又有《リ》少《セウ》師《シ》少傅《フ》

少保《ホウ》本朝《ニハ》只《タヽ》置《オク》傅《フ》一人《シツ》相當雖《ハトモ》為《タリト》正四位上《ジヤウ》

勅《チヨク》任《ニンノ》官《ナリ》也尤《トモ》為《ス》重《オモンシト》為《タル》三公《コウ》之人《ニ》兼《ヌ》之《シ》大納言

兼《ケン》任《ニン》雖《ハトモ》多《シ》先例中古以《イ》來邂逅也又前官大

臣《ジン》任《ス》之中《ナカ》山《ヤマノ》前《サキノ》大政大臣頼《ヨリ》實《サネ》公《コウナリ》也非《ヒ》常《ジヤウノ》儀《ギナリ》

學《ガク》士《ジ》二人

相當従五位下

唐名太《タイ》子《シノ》賓《ヒン》客《カク》

譜《フ》第《ダイノ》儒《ジユ》者《シヤ》有《ル》才《サイ》徳《トク》者《ノ》應《シウス》其《ノ》撰《センニ》依《ヨテナリ》為《タルニ》儲《チヨ》君《クン》之《ノ》侍《ニ》

讀《トク》也古《コ》今《コン》重《オモンズ》之《シ》

春《トウ》宮《グウ》坊《バウ》 唐名春《シユン》坊《バウ》

唐《タウノ》世《ヨ》置《オイテ》詹《セン》事《ジ》府《フヲ》以《テ》統《スブ》衆《シウ》務《ムヲ》又置《ク》左《サ》右《イウノ》春《シユン》坊《バウ》官《クワン》

中《ノ》事《コト》一《イツ》向《カウ》坊《バウ》官《グワンノ》之所《ロナリ》掌《ツカサドル》也

大《ダイ》夫《ブ》 相當従四位下 唐名太《タイ》子《シノ》詹《セン》事《ジ》 或太子少《セウ》尹《イン》 或端《タン》尹《イン》

執《シツ》柄《ヘイノ》息《ソク》大臣子孫為《タル》大中納言人《ヒト》兼《ヌ》之《シ》諸大

夫《フ》之納言已上無拝《ハイ》任《ニンノ》例《レイ》坊中事《コト》大《タイ》夫《フノ》管《クワン》

領《レイナリ》也

權大夫《ダイブ》一人
同前但諸大夫納言有兼任之例猶不為可
也
亮《スケ》一人　相當從五位下
唐名太《タイ》子少《セウ》詹《セン》事
名家《メイカ》四位有人望者任之坊中事亮《スケ》一向所
奉《フ》行《ギヤウスル》也
權亮《ゴンノスケ》一人　華族中中少將兼之
大進《ダイシン》一人　權三人　相當元從六位上
唐名詹《セン》事丞《ジヨウ》
名家《メイカ》五位任之尤可擇《エラブ》其人《ヒト》也大進《ダイシン》奉《フ》行《ギヤウスル》官

一中《チウ》諸公事如禁中職事仍非器要者不任之

少《セウ》進《シン》一人　権　相當從六位下

名《メイ》家《カ》六位任之或雖五位猶帯之

屬《サツクワン》大少　唐名詹《セン》事録《ロク》事

院主《シユ》典《テン》代《ダイ》官史生等中為重代者任之掌坊

中雜《サウ》務《ム》故也　唐名典《テン》膳《ゼン》局《キヨク》云々

主《シユ》膳《ゼン》監《カン》

正《カミ》一人　相當從六位上　唐典《テン》膳《ゼン》郎《ラウ》

主《シユ》殿《テン》署《シヨ》　唐名典《テン》設《セツ》局《キヨク》云々

首《カミ》一人

相當從六位下
唐名典《テン》設《セツ》郎《ラウ》
唐名廐《キウ》牧《ボク》署《シヨ》

主《シユ》馬《メ》署《シヨ》

首《カミ》一人

相當從六位下
唐名廐《キウ》牧《ボク》令《レイ》　五

主《シユ》膳《ゼンハ》者膳《ゼン》部《ブノ》之家《イヘ》任《ニンスル》之《ヲ》歟《カ》但《シ》近《キン》代《タイ》不《ス》必《ス》任《ニンセ》之《ヲ》内《ナイ》膳《ゼンノ》司《ツカサ》郎《ハ》兼《子》知《ル》坊《バウ》中《ヂウノ》御《ゴ》膳《ゼン》之《ノ》故《ユヘ》歟《カ》主《シユ》殿《テ》主《シユ》馬《メハ》者重《ヂウ》代《ダイノ》侍《サブラヒ》等《トウ》所《ナリ》望《ノゾミ》補《フル》也此外坊中《ニ》有《リ》藏《クラ》人《ウト》非《ヒ》藏《クラウド》人《ノ》是坊中之沙汰《ナリ》也重代諸大夫補《フス》之《ニ》藏人《ドハ》者勤《キン》仕《シスル》日《ヒ》下《ゲ》﨟《ラフシ》事如《シ》禁《キン》中《ノ》仍《テ》撰《エラフ》其人《ヲ》也

又帶《タチ》刀《ワキ》者撰《エランテ》重代侍《ヲサフラヒ》補《フス》之《ヲ》自《リ》公《ク》家《ケ》被《ルヽ》補《フセ》之也

昔者《ニハ》源《ゲン》平《ペイ》重代《ノ》武士多《ク》補《ス》之《ニ》

伊《イ》勢《セノ》齋《サイ》宮《クウ》寮《リヨウ》　無唐名

頭《カミ》一人　無權官　相當從五位下

四位五位殿上人若《ハ》諸大夫任《ス》之《ニ》

助《スケ》　權　相當正六位下

允《セウ》　大少

屬《サクワン》　大少

賀《カ》茂《モノ》齋《サイ》院《キン》司《シ》　無唐名

長官《チヤウクワン》　相當從五位下

同上

次官《シクワン》

判官《ハウクワン》

主典《シユテン》

令外
修《シユ》理《リ》職《シキ》　唐名匠《シヤウ》作《サク》　掌《ツカサトル》宮中修《シユ》理《リノ》事《コトシ》
大《タイ》夫《フ》一人　相當從四位下　唐名匠《シヤウ》作《サク》大《タイ》尹《イン》
四位已上任《ス》之《ニ》或《ハ》公《ハツ》卿《キヤウ》任《ス》之《ニ》
權《ゴン》大《タイ》夫《フ》一人
四位五位殿上人《ビト》任《ス》之《ニ》或《ハ》諸大夫任《ス》之《ニ》頗《フル》規《キ》
模也
亮《スケ》　相當從五位下　唐名匠《シヤウ》作《サク》少《セウ》尹《イン》
諸大夫任《ス》之《ニ》相當五位也《ナリ》然《レトモ》而六位又任《ス》之《ニ》
諸司四分《ブンノ》中《チウ》頗《スコフル》為《スル》重《ヲモ》歟《ンスルカ》大《タイ》膳《セン》左右京《キヤウ》修理《リ》之

外《クワイ》無當五位之四分然而近代以左右京為
重《オモンスト》其次《ツギ》修理其次《ツギ》大《タイ》膳《センナリ》也但大膳亮《スケハ》頗《スコフル》劣《レツナリ》也

進《シン》大少　唐名匠作録《ロク》事

屬《サウクワン》大少　唐名匠作丞《シヨウ》

勘解由使《カケユシ》　云句勘是強非唐名取義歟

長官《チヤウクワン》　相當從四位下

四位已上任之多者參議二位三位任之

次官《スケ》　相當從五位下　名家五位任之

頗為顯官仍一向地下諸大夫等不任之

判《ハン》官《グワン》　相當從六位下

六位《ノ》侍《ラヒ》任《ス》之《ニ》但《シ》聊《イサヽカ》堪《タヘタル》右《イウ》筆《ヒツニ》者《ノ》所《ナリ》望《ノゾミ》任《シスル》也《ナリ》為《タルカ》顯《ケン》職《シヨク》故《ユヘナリ》也　凡《ソ》顯《ケン》職《シヨクハ》者無《キ》指《サシタル》事《コト》之輩《トモカラノ》拜《ハイ》任《シハ》無《ム》念《子ン》之《ノ》義《ギナリ》也　顯《ケン》職《シヨクハ》者外《ケ》記《キ》官《クワン》史《シ》式《シキ》部《フ》民《ミン》部《フノ》丞《シヨウ》彈《ダン》正《シヤウノ》忠《チウ》勘《カ》解《ゲ》由《ユノ》判《ハン》官《クワン》等《トウナリ》也　左《サ》右《ウ》衛《ヱ》門《ノ》尉《ゼウ》猶《シ》雖《トモ》為《タリト》顯官於《テハ》今《ニ》者不《ヨハ》及沙汰

主《シユ》典《テン》　相當從七位下

鑄《シユ》錢《セン》司《シ》

近代常《ニ》不《ス》任《セ》之《ヲ》可《シ》任《ニンス》者《ハ》官《クワン》外《ゲ》記《キ》諸道《ノ》中《ニ》當《タル》其

仁《ジン》歟《カ》

長《チヤウ》官《クワン》　次《シ》官《クワン》

判《ハン》官《クワン》　主《シユ》典《テン》

修《シユ》理《リ》宮《グウ》城《ジヤウ》使《シ》　左右

使《シ》　辨《ベン》官《クワン》兼之　多者左右中辨兼任之

判《ハン》官《クワン》　官《クワン》ノ史《シ》常兼之　主《シユ》典《テン》

造《サウ》寺《シ》使《シ》　東《トウ》大《ダイ》興《コウ》福《ブク》等《トウ》両寺外《ホカ》无此号《カウ》

長《チヤウ》官《クワン》　東大寺者大辨必兼之　興福寺者南《ナン》曹《サウ》辨兼之

次《シ》官《クワン》　判《ハン》官《クワン》　東大寺者一《イチ》ノ史《シ》兼之

主典《テン》

防《ハウ》鴨《カウ》河《カ》使《シ》

使　廷尉佐少兼之

判官　同尉志等兼之

主典

已上除目任之

春秋除目悉所載大間也外記録闕官取大

間矣

施《セ》藥《ヤク》院使

醫道四位已下任之為彼道重職也

使

判官

主典

件職往古藤氏長者宣也近代　勅補欤但
不載除目
宣下官
檢非違使　此云使廳本所乃叡慮廳也
淳和天皇御宇天長年中初置之異朝尤重此
職昔唐虞代皐陶為士此云大理周禮立官之
日大司寇即此任也後代置大理寺本朝又以
刑部省為糺判之官天長年中准唐朝置使廳
蓋是大理寺也但別當以下為　宣下職為衛

府《フ》之人《ヒト》補《フス》之又書《カク》位《井》署《シヨシ》之時《トキニ》不《ス》書《カ》此職《シヨク》号《カウシ》是流《リウ》例《レイナリ》也又別《ベツ》當《タウ》宣《センハ》者則《ハチ》廳《チヤウ》宣《センナリ》也古《コ》来《ライ》被《ル》准《シユンセ》勅《チヨク》宣《センニ》仍《テ》天下《カ》重《オモンス》之《シ》違《サ》背《スルハ》廳宣者《シ》可准《シユンス》違《井》勅《チヨクニ》云々又當《タウ》使《シニ》補《フス》看《カ》督《トノ》長《シチ》六十六人此《シ》為《メナリ》遣《ツカハサレカ》諸國《ニ》也云々朝《テウ》家《カニ》置《オイテヨリ》此職《シヨクヲ》以《コノ》来《カタ》衛《エ》府《フハ》追《ツイ》捕《フクシ》彈正《ジヤウハ》糺《キウ》彈《ダン》刑《ギヤウ》部《ブハ》判《ハン》断《ダン》京《キヤウ》職《シキノ》訴《ソ》訟《シヨウ》併《アハセテ》帰《キス》使《シ》廳《チヤウニ》仍為《テタリ》國《コツ》家《カノ》之樞《スウ》機《キ》歴《レキ》代《ダイ》以《テ》為《スル》重《チヨウ》職《シヨク》者《ノ》也

別《ベツ》當《タウ》一人　唐名大《タイ》理《リ》卿《ケイ》

参《サン》議《ギ》已《イ》上《ジヤウ》尤《モ》擇《エラブナリ》其人《ノ》也《シ》補《フスル》此職《シヨクニ》之人《ヒト》必《ス》帯《タイス》衛《エ》

門兵《ヒヤウ》衛《エノ》督《カミノ》往《ワウ》古《コ》有《リ》參議中將補《スル》之例《レイ》雖《トモ》非《ニ》參《サン》
議補之中古以《イ》來《ライ》更《ニ》無《シ》其例《レイ》昔《ニ》為《タル》大將之人《ヒト》
補《ス》之又有《リ》例《レイ》仍《テ》至《テ》大納言帶《タイス》此職《ヲ》近代又《タ》補
闕《キヨ》事《コトナリ》也仍《テ》中納言大《タイ》理《リ》任《スル》大納言之日《ニ》必《ス》去《ル》
其《ノ》職《ヲ》是流《リウ》例《ナリ》也世《セ》俗《ソクノ》說《セツ》補《フスル》大理之人《ヒト》可《シ》備《ソナフ》七
德《トクヲ》所《イハユル》謂譜《フ》第《ダイ》器《キ》量《リヤウ》才《サイ》幹《カン》有《イウ》職《シヨク》近《キン》習《シユ》容《ヨウ》儀《ギ》富《フ》有《イウ》
云々有《ル》剩《アマリ》事《コト》歟《カ》又昔《カシハ》者諸大夫不《ス》任《ニンセ》之而光《ミツ》
賴《ヨリノ》卿《キヤウ》初《メテ》任《ス》之其後《ノチ》連《レン》綿《メン》歟《カ》參議大理者《ハ》遇《アフ》納
言《ゴンノ》闕《ケツニ》之時《キ》必《ス》任《ス》之上首《シユノ》參《サン》議《ギ》縱《タトヒ》雖《トモ》為《タリト》英《エイ》雄《イウ》不《ル》

相《ヒ》争《ソハ》事《トナリ》也但《シ》参議《ギノ》大《ダイ》辨《ベンハ》者労《ラウ》効《カウ》等《トウ》同《ドウナリ》仍《テ》或《ハ》同《トウ》時《ニ》登《トウ》用《ヨウ》或《ハ》互《タガヒニ》有《リ》超《テウ》越《ヱツノ》之例是《レ》可《キ》依《ル》労《ラウノ》之浅《セン》深《ジンニ》歟《カ》又参議《ギノ》中将労効《カウ》久《キ》者《ハ》自《ヲノヅカラ》相《ヒ》争《ソフ》也然《レドモ》而近代《ダイ》以《テ》別當《ヲ》為《ス》其《ノ》最《サイト》也

佐《スケ》二人　左《サ》右《ウ》

為《タル》左《サ》右《ウ》衛《エ》門《モンノ》権《ゴンノ》佐《スケ》者《ハ》蒙《カウブル》使《ツカヒノ》宣《セン》旨《ジヲ》正《シヤウノ》佐《スケ》為《タル》廷《テイ》尉《ヰ》之例《レイ》邂《カイ》逅《コウナリ》也又上古有《アリ》中《チウ》少《セウ》将《シヤウ》蒙《カウブル》宣《セン》旨《ジ》之例《レイ》凡《ソ》廷《テイ》尉《ヰ》佐《スケハ》者名《メイ》家《カ》譜《フ》第《ダイノ》之中《ナカ》清《セイ》撰《ゼンノ》之職《ショク》也昔《ムカシハ》者廷尉佐《スケハ》著《ツク》大理廳屋《シヤニ》中古已来不《ス》著《ツカ》

之《ニ》於《テハ》使《シ》廳《ノ》政《マツリコトニ》者佐《スケ》以《イ》下《ケ》着《ツキ》行《オコナフナリ》也

稱《セウス》之判《ハウ》官《グワント》

尉《ゼウ》

左《サ》大《タイ》尉《ゼウ》二人　右《ウ》大《ダイ》尉《ゼウ》二人

左《サ》右《ウ》少《セウ》尉《ゼウ》　近代員《イン》數《ニ》不《ス》定《ナラ》

明《ミヤウ》法《ボフ》道《ダウノ》儒《ジユ》必《ス》任《ス》之《ニ》上古其《ノ》流《リウ》不《ス》一《ヒトツナラ》中古以來

坂《カノ》上《ウヘ》中原《ノ》兩家爲《リ》法《ホツ》家《ケト》仍《テ》必《ス》任《ス》之《ニ》於《テハ》少尉《セウニ》者

追《ツイ》捕《フクノ》輩《トモカラ》各《シノ〳〵》任《ス》之《ニ》至《テハ》大《ダイ》尉《ゼウニ》者《ハ》多《ク》明法道《ダウノ》所《ナリ》任《ズル》也

但《シ》殿上《ノ》藏人《クラウト》爲《ノ人ハ》廷《テイ》尉《ヰ》者間《マヽ》任《ス》大《タイ》尉《セウニ》追《ツイ》捕《フクハ》者武《フ》

士《シノ》重《ヂウ》代《ダイノ》者《ノ》幷《ナラヒニ》諸家《ケ》恪《カク》勤《シノ》中《ナカニ》殊《コト》撰《ニエラフ》重代《ノ》器《キ》用《ヨウナル》所《ナリ》

被《ラル》補《フセ》也眞實《ジツ》追《ツイ》捕《フクメ》犯人《シ》關《アツカル》其《ノ》賞《シヤウニ》者《ハ》希《マレナル》事《コト》歟《カ》非《ズ》

明《ミヤウ》法《ニ》而補《フスルヲ》之稱《シヨウス》追《ツイ》捕《フト》是《レ》世《セ》俗《ゾクノ》之所《ナリ》云《イヒ》傳《ツタフル》也又

源《ゲン》平《ペイノ》武《フ》士《ニ》雖《モ》諸《シヨ》大《タイ》夫《フト》多《ク》補《フス》之大《タイ》夫《フノ》尉《ゼウ》源《ノ》義《ヨシ》經《ツネハ》

者剌為《タリ》昇《シヨウ》殿《デンノ》廷《テイ》尉《井》云云又六位《ノ》尉《ゼウ》敘《シヨスル》五位《ニ》時《キ》

多《ク》者《ハ》去《セル》之明《レシハ》法道《ダウハ》者必《ス》敘《シヨ》留《リウス》其外《ノ》輩《カラ》依《テ》殊《ニ》恩《シン》

令《ルナリ》敘《ジヨ》留《リウセ》也但《シ》近代《タイ》每《コトニ》人《ヒト》敘《シヨ》留《リウスルハ》違舊《キウ》例《ニ》也又左《サ》

右《ウノ》尉《ゼウハ》者必《ス》左右衛門《ナリ》也至《テハ》大理《ニ》者衛門《モン》兵衛

依《ル》關《ケツニ》事《ナリ》也佐《スケ》尉《ゼウ》志《サツクワンハ》者必《ス》衛《エ》門《ナリ》也但《シ》近《コン》衛《ヱ》兵《ヒヤウ》衛《エ》

邂《カイ》逅《コウニ》有《リ》例《レイ》云云

志《サクワン》

左 大少　右 大少

明法道《ノ》輩《カラ》六位《ノ》時《キ》任《ニンシテ》衛《ヱ》門《モンノ》志《サクワンニ》即《チ》蒙《カウフリ》使《ツカヒノ》宣旨《ジンヲ》世非《ヒ》成《ジヤウ》業《コフノ》輩《カラ》転《テン》任《ジン》為《ス》規《ナ》模《ボト》称《シヨウスルハ》非《ヒ》成《ジヤウ》業《コフト》者院主《シユ》典《テン》代《ダイ》廳《チヤウ》官《クワン》大政官《クワンノ》史《シ》生《シヤウ》蔵人《クラフト》所《トコロノ》出《シユツ》納《ナウ》諸《シヨ》家《ケノ》下《シモ》家《ケイ》司《シノ》中《ナカニ》譜《フ》第《ダイノ》器《キ》用《ヨウノ》者《ノ》先《ツ》任《ニンシメ》左右衛《ヱ》門《ノ》府《フ》生《シヤウニ》蒙《カウフリ》使《ツカヒノ》宣《セン》旨《ジシ》也武《ブ》勇《ヨウノ》家《イ》并《ヒ》追《ツイ》捕《フクノ》輩《カラハ》者不任《ニンセ》之凡《ノ》志《サクワンハ》者奉《ブ》行《ギヤウ》使《シ》廳《チヤウノ》諸《シヨ》公《ク》事《ジ》之故以《テ》当道《シ》為《ス》其《ノ》撰《セント》此《レ》号《カウス》道《ダウ》志《ジト》也

府生《フシヤウ》左右《サウ》

府《フ》生《シヤウハ》者非《ス》　奏《ソウ》任《シノ》官《クワンニ》仍《テ》府《フノ》督《カミ》判《ハン》授《ジユノ》之後《ノチ》申《シン》下《クダス》

使《シノ》　宣旨《シ》者也

藤《トウ》氏《ジノ》長《チヤウ》者《ジヤ》

蒙《カウフル》攝《セツ》政《シヤウ》關《クワン》白《バクノ》詔《ジヨウヲ》之人《ヒト》為《タリ》其《ノ》仁《ジン》仍《テ》別《ニ》不《ス》及《ヨハ》　宣下《ゲニ》

也但宇《ウ》治《ヂノ》左《サ》大《ダイ》臣《ジン》頼《ヨリ》長《ナガ》公非《スシテ》攝《セツ》關《クワンニ》為《タリ》長者《ジヤ》　宣

下之例《レイ》初《ハジメテ》於此《ココニ》乎《カ》

源《ゲン》氏《ジ》長者

為《タル》奬《シヤウ》學《ガク》院《サンノ》別《ベツ》當《タウ》之人《ヒト》即《チ》為《タリ》長者《ジヤ》而近例為《ニテ》前《セキノ》大

臣有為長者之人仍被下宣旨乎

奬《シヤウ》學《ガク》院《ヰン》別當

奬子兩切勸使又縱臾又助也崇也稱也亦作獎當作[illegible]

源氏公卿第一人補之為納言之時多兼奬學淳和兩院任大臣日以淳和院與奪次人於奬學院者猶帶之是流例也但兩院別當事中院右大臣之時永可付彼家之由有　鳥羽院勅定云々然者他流人縱雖為公卿上首不可及競望事歟

淳《シユン》和《ワ》院《ヰン》別當　同上

學《カク》館《クワン》院《ヰン》別當

橘《キツ》氏《ジ》之中補《フス》之此号長者凡称氏長者王《ワウ》氏《ジ》源《ゲン》
氏《ジ》藤《トウ》氏《ジ》橘《キツ》氏有此号《カウ》王氏者往《ワウ》古《ゴ》之例親王為
其長近代為王氏之者第《ダイ》一《イチ》称之藤氏者執政
為其長源氏者見《ケン》任大臣納《ナフ》言中為第《ダイ》一《イチ》人也
橘《キツ》氏者昔橘《キツ》家《ケ》有昇納言已上之人仍為長者
而其家衰《スイ》微《ビ》之後雖有長者号只知學《カツ》館院領
許也於氏爵者是定人擧之是定者擇其人被
下宣旨也近代九條流被傳之仍他人不望

依《ツテ》之《ニ》橘家《ケ》皆属《ゾクスト》彼家《ノイヘニ》云々

内《ナイ》竪《ジュ》所《トコロノ》別《ベツ》当《タウ》　知《ル》内《ナイ》竪《ジュ》所《ロノ》事《コトヲ》

一《イチノ》人《ヒト》必《ス》為《タリ》其仁《ノジン》。他人不《ス》望《ノゾミ》之《ヲ》

内《ナイ》教《ケウ》坊《バウノ》別当　知《ル》女楽《ガクノ》事《コトヲ》

大《ダイ》中《ケフ》納《ナ》言《ゴンノ》中《ウチ》堪《タヘタル》其《ノ》道《ニ》之人《ヒト》補《フス》之《ヲ》

内《ナイ》膳《ゼンノ》別当　知《ル》内《ナイ》膳《ゼン》司《ツカサノ》事《コトヲ》

大《ダイ》中《ケツ》納《ナ》言《ゴンノ》中《ウチ》補《フス》之《ヲ》

御《ミ》厨《ヅ》子《シ》所《トコロノ》別《ベツ》当《タウ》　内《ク》蔵《ラ》寮《レウノ》頭《カミ》補《フス》之《ヲ》

大《オホ》歌《ウタ》所《トコロノ》別《ベツ》当《タウ》（オタトコロノ　東山左府説）　知《ル》大《オホ》歌《ウタノ》事《コトヲ》

納《ナフ》言《ゴン》已《イ》上《ジヤウ》補《フス》之《ニ》上古《ハ》親王《ノ》之中《ナカウチ》又補《ス》之《ニ》

記《キ》録《ロク》所《ショ》

上卿《シヤウケイ》　辨《ベン》　開闔《カイカフ》　寄人《ヨリウト》

已上依《ヨテ》　宣旨《ニ》行《ナフ》其事《ヲ》但《シ》於《テハ》上卿《シヤウケイ》辨《ベン》者可《キ》令《ム》

行《オコナハ》記録所《ノ》事《コトヲ》由《ヨシ》被《エラル》　宣下《セン》也

樂《ガク》所《ショ》別《ベツ》當《タウ》　知《シル》樂所《ノ》事《コトヲ》也　堪《タヘタル》其道《ニ》之公卿《クキヤウ》補《フス》之《ニ》

大《ダイ》學《ガク》別當　親《シン》王大臣《ワウダイジン》納《ナフ》言中《ゴンノウチ》補《フス》之《ニ》近代中絶《チウゼツ》畢

藏人所《クラウドトコロ》

嵯峨《サガノ》天皇御宇《ギヨウ》弘仁《コウニン》年中《ニ》初《メテ》置《ク》之《ヲ》模《モ》異《ボスル》朝《ノ》侍中《ジチウ》

内侍等職歟彼侍中尤為重任内侍者官者之任也或有卑之代或有貴之時古来官者知事先賢之所謗也唐玄宗以内侍高力士為一品將軍爾降内侍執文武之柄遂亡唐祚依之執政之官太悪宦者云々本朝不必然弘仁以往少納言及侍従為近習宣傳之職而此御宇初置當所以公卿第一人為別當左大臣為別當是流例也四位侍臣中殊撰其人為頭但上古有五位頭近代无之五位中又撰補三人六位中又撰補四人謂之職事

又為要籍《ヨウシヤク》驅仕《クシ》六位中撰良家子令候殿上謂之非藏人《ヒクラウト》凡殿上事頭以下職事《シヨクジ》所奉行《フギヤウ》也依之聽昇殿《シヨウデン》輩併以頭為貫首《クワンジユ》雖位階上臈《ジヤウラフ》必著其座下《ザゲ》是流例《リウレイ》也但非參議大辨《ダイベン》猶不著其下云々重其職故歟執頭之輩雖大辨猶著其下也

別當

為公卿《クギヤウ》第一之人補《フス》之世俗《セゾク》称一人者執柄《シツヘイ》也一人一人一所稱之於禁中《キンチウ》者殿称之衆人殿下

稱《シヨウス》之《ソ》自《リ》往昔《ムカシ》無《シ》異《イ》儀《ギ》称《シヨウスルハ》一《チノ》上《カミト》者執《シツ》柄《ヘイノ》之外《ホカ》第《ダイ》一《イチノ》大臣也《ナリ》當《タウ》所《シヨノ》別當《ハ》一上所《ロ》補《フスル》也是《レ》執《シツ》柄《ヘイハ》依《ヨテ》執《トルニ》天下《カノ》之政《マツリコトノ》無《シ》其暇《イトマ》仍《テ》官中《ヂウノ》諸《シヨ》公《ク》事《ジ》併《アハセテ》與《ヨ》奪《ダツスル》次《ツギノ》大臣《ジンニ》之故以《ユヘニ》次《ツギノ》人《ヒトヲ》為《ス》一《イチノ》上《カミト》也殿《テン》上《ジヤウノ》事《コト》准《ジユンジテ》之可《シ》知《ル》之《シ》

頭《トウ》二人

四位《ノ》殿上人《ノ》中《ウチ》清《セイ》撰《センノ》之職《シヨクナリ》也辨《ベン》方《カタニ》一《イチ》人《ニン》近《コン》衛《エ》司《ヅカサ》方《カタニ》一人補《フス》之常《ヂヤウノ》例《レイナリ》也凡《ヨソ》頭《トウハ》者當《タウ》職《シヨクノ》之時《キ》不《ス》依《ラ》位《ヰ》次《ジニ》著《ツク》諸《モロ〳〵ノ》侍《ジ》臣《シンノ》之上《カミニ》有參《サン》議《ギノ》闕《ケツ》者必《ス》任《ス》之仍《ナツ》古《コ》來《ライ》為《ス》重《チヨウ》職《シヨクト》又奉《ブ》行《スル》大小《ノ》公《ク》事《ジシ》之間《アヒダ》非《ヒ》器《キ》無《ム》才《サイノ》之輩《トモガラ》

不能競望《ケイバウ》者也以之思之雖末代《マツタイ》可謂清撰歟
昔東《トウ》三條攝政《セツシヤウ》為藏人頭《クラウトノトウ》叙三位帶中將《シヤウ》後任
中納言猶為藏人頭《トウ》希代《キタイ》之例也

五位藏人《クラウト》三人

五位殿上人中名家《メイカ》譜第《フダイ》殊撰其器用所補也
補當職者次第昇進已為恒規是故以補當職
已為出身之初云々常例先任八省輔治民兵等次
任勘解由《カケユ》次官次任廷尉佐《テイヰノスケ》次補五位藏人次
任辨官《ベンクワン》路也是順補藏人《クラウト》之日帶廷尉佐《テイヰノスケ》是第一勘

解由次官是第二省輔等是第三以之知朝奨《テウシヤウ》之淺深《センシン》也自廷尉佐補藏人兼辨官此為至極之朝奨所謂三事兼帯顛選中之選也次補藏人頭《トウ》（猶帯辨是又清撰也若雖稟其家非其器《ウツハモノ》者去辨任他官也是故頭辨為規模）次任參議（有其闕者藏人頭任之是常例也）故也又公達為中少將侍從之輩有稽古之人望補此職是為表其才也不練習舊章不稟受口傳者尤可有斟酌也至于今非其才補其職者忽招恥辱殆失於身者也頭及五位藏人必聽著禁色拜賀以前

被下《クダサ》宣旨《センジ》例《レイ》也。但自本聴禁色之人《ヒト》更不及

宣下也

六位蔵人四人

重代《ヂウダイ》諸大夫中不放埒有器量《キリヤウ》之輩補《フス》之地下

諸大夫多以之為先途。雖五位已後以蔵人五

位為規模《キボ》之故也。蔵人者不依年歯《ネンシ》老少以當

参次第《シダイ》定上下至于極臈《ゴクラウ》者必預《アヅカル》叙爵若有奉

公之忠者除其籍更加末座也。六位蔵人奉行

禁中細々公事朝夕御膳《ゴゼン》等事称之日下臈《ゲラウ》也。

四《シ》人分《ワケテ》日令《シムル》奉行《セ》故也六位《ノ》職事《シキジ》又聽《ユル》禁色《シ》至《ツテハ》
極《キワメ》臈《ニ》者著《チヤクス》麹《キク》塵《ヂンノ》袍《ハウヲ》是《レ》申《スコト》下《クダス》御服《フクヲ》之儀《ギナリ》也晴《ハレノ》時《トキハ》雖《トモ》
下臈《ト》著《ス》之第二臈称《シヨウス》之差《サ》次《シ》第四称《ス》之新《シン》藏人《クラフト》
也

非《ヒ》藏人《クラフト》　無員數

重代《ノ》諸大夫《ノ》中《ヨリ》未《タ》補《フセ》藏人之間《アヒダ》先《ツ》遂《トリ》昇殿《シ》此云《フ》
非《ヒ》藏人《クラフト》又云《ハフ》非《ヒ》職《シキノ》之者《モノト》不《ス》奉行《セ》公事《シ》不《ス》著《セ》禁色《シキヲ》
已上宣下《ゲノ》之職《シヨクナリ》也但藏人者《ハ》頭《トウ》以下《ゲ》非《ス》上卿
奉《ホウ》勅《チヨク》之宣《センニ》所謂《イハユル》内《ナイ》侍宣《センナリ》也管《クワン》領《レイ》職《シキ》事《ノコト》承《ウケテ》役《オホセラル》召

役《オホセテ》出納《シユツナフニ》令告知《ムルナリ》其人也蔵人頭《トウ》已下《イゲ》六位蔵人

已《イ》上《シヤウ》書《カク》位署《ショシ》之時《トキ》書《カキ》加《ハフ》其名是《シ》古來《コライ》之例也《ナリ》

出納《シユツナフ》

小舎人《コトネリ》

以上皆《ナ》有《リ》重代《ヂウダイ》經歷《ケイレキ》之輩《カラ》

雜色《ザフシキ》　良家《リヤウカ》子《コ》補《ス》之

所衆《トコロノシユ》　六位侍《サフラヒ》可然《キカル》之輩《カラ》補《フス》之

瀧口《タキクチ》　同上《ジヤウ》堪《タヘ》武勇《ブヨウ》之輩《カラ》可補《フス》之云々

諸《シヨ》國《コク》

神《ジン》武《ム》天《テン》皇《ワウ》即《ソク》位《井ノ》之初繼《ツイデ》神代《ダイノ》之蹤《アトヲ》都《トス》日《ヒ》向《ムカ》國《クニ》宮《ミヤ》
崎《サキノ》宮《ミヤニ》此《ノ》時《トキ》天下草《サウ》昧《マイニシテ》封《ホウ》域《イキ》未定東《トウ》征《セイノ》之後《ノチ》初《メテ》平
中《チウ》洲《シウヲ》定《タム》都《ミヤコヲ》於大《ヤマ》倭《トノ》國《クニ》橿《カシ》原《ハラノ》宮《ミヤニ》尒來闢《ヒライテ》四門朝八
方《ハウヲ》歴《レキ》代《ダイ》因《イン》准《ジユンシテ》漸《ヤウヤク》開《ヒラク》諸《シヨ》道《ダウヲ》第《ダイ》十《ジフ》代《ダイ》崇《スウ》神《ジン》天皇十
年遣《ツカハス》使《ツカヒヲ》於四《シ》方《ハウニ》所《ロ》向《ムカフ》皆以《テ》臣《シン》伏《フクス》同年《トシ》十《ジフ》月《グワツ》更《サラニ》命《メイシテ》
四《シ》道《ダウノ》將軍《グン》進《シン》發《ハツスト》云〻第《ダイ》十《ジフ》三代《ダイ》成《セイ》務《ム》天皇四
年始《メテ》定國造《ミヤツコヲ》同六年《ネン》始《メテ》分《ワカツ》國境《サカヒヲ》國造《ミヤツコハ》乃《ハチ》國《コク》司《シノ》名《ナリ》
後改《メテ》云《フ》守《カミト》也凡國《コク》司《シノ》之撰《セン》倭《ワ》漢《カン》重《オモンズ》之此《レヲ》云《フ》烹《ハウ》鮮《セン》

之職《シヨク》又云分憂之官漢宣帝称曰與我共治者唯良二千石乎云々誠是當一方之重寄察百姓之寒苦非庸才之所可企望故昔時固設格制以勸治否合格者蒙賞違格者被黜是所以擇《エラフ》良吏《リヤウリ》也

大國《ダイコク》

守《カミ》 有權守《ゴンノカミ》 相當從五位上

介《スケ》 有權介《ゴンノスケ》 相當正六位下

掾 大 正七位下 有權大掾

少 從七位上 有權少掾

目《サウクワン》 大 從八位上

少 從八位下

上國《ジヤウコク》

守《カミ》 従五位下 有《リ》権《ゴン》ノ守《カミ》
介《スケ》 従六位上 有《リ》権ノ介
掾《ゼウ》 従七位上 有《リ》権ノ掾《ゼウ》
目《サクワン》 従八位下
大上國《ダイジヤウコク》ノ守《カミ》相當《サウタウ》五位也《ナリ》依《テ》之《ニ》其ノ身《ミ》雖《トモ》六位除《ヂ》目《モク》ノ之時《トキ》執筆《シツヒツ》ノ之人《ト》押《オシテ》以《テ》書《カク》従五位《ヰ》下《ト》不《ル》待《タズ》勅《チヨク》處《シヨ》分《フン》ノ者也
中國《チウゴク》
守《カミ》 正六位下
介《スケ》 官《クワン》位《ヰ》令《リヤウ》中國《ニ》無《シ》介《スケ》
掾《ゼウ》 正八位下
目 大初位下
下國《ゲコク》

守《カミ》　従六位下　　掾《ゼウ》　従八位下

目《サツクワン》　少初位下

唐名《カラナ》

守《カミ》　刺《シ》史《シ》　使《シ》君《クン》　宰吏《サイリ》
牧《ホク》宰《サイ》　國《コク》宰《サイ》　太《タイ》守《シユ》

介《スケ》　長吏《チヤウリ》　別駕《ヘツカ》

掾《セウ》

目《サツクワン》　主《シユ》簿《ボ》

凡《ソヨソ》國《コク》司《シハ》者相當五位已下也《ナリ》然《レトモ》而雖《アモ》四位已上《ト》或《ハ》隨《ヒ》其《ノ》望《ミニ》或《ハ》應《シテ》其《ノ》撰《ニ》古《コ》今《コン》之例《レイナリ》也或《ル》説《ニ》歷《ヘテ》七《シチ》箇《カ》國《コク》受《ノジユ》領《リヤウノ》合《カツ》格《キヤクノ》之吏《リ》勘《カン》公《ク》文《モン》畢《シハテ》拜《ノスト》參《サン》議《ギニ》云々白《シラ》河《カハノ》院《ヰンノ》役《オホセ》但《シ》可《シト》依《ル》其《ノ》才《ニ》云々又太《タイ》守《シユハ》者為《メ》親王《ノ》

置《シク》之《ツ》親王任《シヅル》時《キ》不《ス》知《ラ》吏《リ》務《ム》仍《テ》件《クタン》國《クニ》以介《スケ》為《ス》守《カミト》乃令《シム》知《ラ》吏《リ》務《ツ》也。權《ゴン》守《カミハ》者近代多《ハ》是遙《ヨウ》授《ジユ》之官《クワンナリ》也。參《サン》議《ギ》二《ニ》三位《ミノ》中《チウ》將《ジヤウ》少納《ナ》言《ゴン》等《トウ》必《ス》兼《ヌ》之《シ》。又殿上《ジヤウノ》六位《ノ》藏人《クラウト》敘《ジヨ》位《井ノ》之時《トキ》預《アツカル》爵《シヤクニ》者《ノ》即《チ》任《シス》權《ゴンノ》守《カミニ》又例《ナリ》也。納《ナフ》言《ゴン》以《イ》上《ジヤウ》貶《ヘン》謫《タク》之時《トキ》任《シス》諸《シヨ》國《コク》權《ゴンノ》守《カミニ》也。仍《テ》常儀《ギ》參《サン》議《ギ》兼《ケン》國《コク》任《シス》納《ナフ》言《ゴンニ》之日即《チ》止《ヤム》之《シ》介《ノ》權介《ハ》者辨《ゴン》官《グワン》近《コ》衞《ヱ》中《チウ》少《セウ》將《シヤウ》等《トウ》兼《ヌ》之《シ》

畿《キ》内《ナイ》　五《ゴ》箇《カ》國《コク》此《ヲ》云《フ》五《ゴ》畿《キナイ》

上　山城《ヤマシロ》　大　大和《ヤマト》　大　河内《カフチ》　下　和泉《イツミ》　上　攝津《セツツ》

東《トウ》海《カイ》道《ダウ》　十五箇《カ》國《コク》

下 伊《イ》賀《ガ》　大 伊《イ》勢《セ》　下 志《シ》摩《マ》 高橋氏為内膳正者任之仍他人不任之　上 尾《ヲ》張《ハリ》

上 參《ミ》河《カハ》　上 遠《トヲ》江《タフミ》　上 駿《スル》河《ガ》　下 伊《イ》豆《ツ》　上 甲《カ》斐《イ》　上 相《サ》模《カミ》

大 武《ム》藏《サシ》　中 安《ア》房《ハ》　大 上《カヅ》總《サ》 有太守　大 下《シモ》總《フサ》　大 常《ヒ》陸《タチ》 有太守

東《トウ》山《サン》道《ダウ》　八箇國

大 近《アフ》江《ミ》　上 美《ミ》濃《ノ》　下 飛《ヒ》彈《ダ》　上 信《シナ》濃《ノ》　大 上《カウ》野《ヅケ》 有太守

上 下《シモ》野《ツケ》　大 陸《ムツ》奥《ノ》　上 出《デ》羽《ハ》

陸《ム》奥《ツ》出《デ》羽《ハ》按《ア》察《ゼツ》使《シ》府《フ》

按《ア》察《ゼツ》使《シ》 相當從四位下 唐名都護

近《キン》代《ダイ》納《ナフ》言《ゴン》已《イ》上《ジヤウ》兼之

記《キ》事《ジ》　唐名都《ト》護《ゴ》録《ロク》事

鎮《チン》守《ジユ》府《フ》　見《ミユ》武《フ》官《クワン》下《シモニ》

將軍《シヤウグン》　副《フク》將軍《シヤウグン》　軍《グン》監《ゲン》　軍《グン》曹《サウ》

陸《ム》奥《ツハ》者上古以《イ》来《ライ》為《ス》邊《ヘン》要《ヨウト》為其《タメナリ》國《クニノ》境《キヤウ》廣《ヒロキヤ》

元《ゲン》明《メイ》天《テン》皇《ワウ》和《ワ》銅《ドウ》五年九月《クワツニ》分《ワカテ》置《シツ》出《デ》羽《ハノ》國《クニシ》

元《ゲン》正《シヤウ》天皇養《ヤウ》老《ラウ》二年置《オイテ》按《ア》察《ゼツ》使《シヲ》令《ム》監《カ》察《サセ》両國《ゴクノ》

事《コトヲ》　聖《シヤウ》武《ム》天皇二《元イ》年陸《ム》奥《ツノ》國《クニノ》内《ウチニ》又置鎮《シンヂ》守《ジユ》府《フヲ》

府《フ》國《コク》相《アヒ》並《ナラテ》行《オコナフ》國《クニノ》事《コトヲ》云云

秌《アキ》田《シノ》《アイタノ》城《ジヤウ》

一介《スケ》為《タル》出羽《テハノ》介《スケ》者《ノ》兼《ヌ》之除《ヂ》目《モクニ》不任之《シ》被《ルヽナリ》宣《セン》

下世《ケセ》

北陸道《ホツロクダウ》　七箇國

中 若狹《ワカサ》　大 越前《エチゼン》　上 加賀《カガ》　中 能登《ノト》　上 越中《エツチウ》

上 越後《エチゴ》　中 佐渡《サト》

山陰道《サンヲンダウ》　八箇國《ハツカコク》

上 丹波《タムバ》　中 丹後《タンゴ》　上 但馬《タヂマ》　上 因幡《イナバ》　上 伯耆《ハウキ》

上 出雲《イツモ》　中 石見《イハミ》　下 隱岐《オキ》

山陽道《サンヤウダウ》　八箇國

大 播磨《ハリマ》 上 美作《ミマサカ》 上 備前《ビゼン》 上 備中《ビツチウ》 上 備後《ビンゴ》 一

上 安藝《アキ》 上 周防《スハウ》 中 長門《ナガト》

南海道《ナンカイダウ》 六箇國

上 紀伊《キイ》 下 淡路《アハヂ》 上 阿波《アハ》 上 讃岐《サヌキ》 上 伊豫《イヨ》 中 土左《トサ》

西海道《サイカイダウ》 十一个國然而《シカレドモ》云九国《クコク》二島《タウ》除《ノゾイテ》二島《タウ》云六十六个國

大宰府《ダザイフ》 帯《タイス》筑前國《チクゼンノクニヲ》 當唐《カラノ》大都督府《タイトトクフ》

一 聖武《シヤウム》天皇天平《テンピヤウ》十五年始置《ハジメテオク》筑紫鎮西府《ツクシチンゼイフ》先

是有《コレヨリ》太宰府号《ダザイフノガウ》云々 天平瑤字《テンピヤウホウジ》二年 勅《チヨクス》諸

一國司以四箇年為任限寶龜《ホウキ》十一年 勅《チヨクス》大

一宰《サイ》任限《ケン》為五箇《カ》年《ト》云〻凡當《タウ》府《フ》都《スヘテ》管《クワン》九國《コク》二
島《タウシヨ》別帶筑《チク》前《ゼン》也

帥《ソツ》 唐名都《ト》督《トク》 相當従三位
勅《チヨク》任《ニン》官《クワン》也多是以有品《ホン》親王任之親王任之
者權《ゴン》帥《ソツ》若大貳《ダイ》知府《フ》務《ム》而已

權《ゴン》帥《ソツ》
納《ナフ》言《ゴン》以上若前《ゼン》官《クワン》任之中古以來例《レイ》於正帥《シヤウソツ》
者擬《ギ》親王官承府《フ》務人任權《ゴン》也或又任正依
時《シ》宜《ギ》欲為大《ダイ》臣《ジン》之人《ヒト》左《サ》遷《セン》之時《トキ》任權《ゴン》帥《ソツ》然而

不可知府務《フム》也凡於帥《ソツ》者令條《リヤウデウ》所定已為高官仍重其仁雖華族《ソク》又任之

大貳《タイニ》《オホヒスケ》　無權官　相當從四位下　唐名都督《トク》大卿《タイケイ》

近代例《レイ》多以參議《サンギ》散《サン》二三位《ヰ》等《トウ》任之非參議《サンギ》四位又有其例《レイ》有權帥《ゴンノソツ》者不任大貳《タイニ》任太貳者不任權帥《ゴンノソツ》雖無其謂已為流例《リウレイ》多是以名家人任之

少貳《セウニ》　有權官　相當從五位下　唐名都督《トク》少卿《セウケイ》　殊撰其人任之

監《ケン》　大　相當正六位下　少　相當從六位上　唐名都督《トク》郎中《ラウチウ》　六位侍《サフラヒ》任之

典《テン》《サツクワン》 大 相當正七位上
少 相當正八位上 唐名都《ト》督《トク》録《ロク》事《ジ》

監《ケン》典《テンハ》者公《ク》卿《ギヤウ》給《キフノ》時《キ》間《ニ》依《テ》請《ウケニ》任《ス》之《ジ》多《クハ》是《レ》府《フ》中《チウ》有《ウ》縁《エンノ》之輩《トモカラ》任《ス》之《ニ》称《スル》府《フ》官《クワント》是《ナリ》也此《ノ》外《ノ》博《ハカ》士《セ》筭《サン》師《シ》大《タイ》唐《ノ》通《ツウ》事《ジ》等《トウ》上古任《ス》之《ニ》中古以來斷絶《ゼツス》仍《テ》略《リヤクス》之《シ》

上 筑《チク》前《ゼン》 雖《トモ》為《タリト》都《ト》督《トク》所《ロ》帯《タイスル》守《ハ》已下官《クワン》如《シ》例《レイノ》
上 筑《チク》後《コ》
上 肥《ヒ》前《ゼン》
大 肥《ヒ》後《ゴ》
上 豊《ブ》前《ゼン》
上 豊《ブン》後《コ》
中 日《ヒウ》向《ガ》
中 大《オホ》隅《スミ》
中 薩《サツ》摩《マ》 謂《フ》之《ヲ》九國《コクト》
下 壹《イ》岐《キ》 邊《ヘン》要《ヨウ》
下 對《ツシ》馬《マ》 謂《フ》之《ヲ》二島《タウト》邊《ヘン》要《ナリ》

已上諸國司《ノツカサ》謂《フ》之《ヲ》外官《ト》然《レトモ》而文《モン》官《ノ》列《ヒツナリ》也

諸衛《シヨヱ》

左《サ》右《ウ》近《コン》衛《エノ》府《フ》　當《アタル》唐《タウノ》羽《ウ》林《リンニ》　又云《フ》親《シン》衛《エイト》

元《モトハ》者近《コン》衛《エ》中《チウ》將《シヤウ》也　平《ヘイ》城《ゼイ》天皇御《ギヨ》宇《ウ》大《タイ》同《ドウ》三年

勅《チヨクシテ》以《スヲ》近衛為《シテ》左《サ》近《コン》衛《エト》以《モテ》中《チウ》衛《エヲ》為《ス》右《ウ》近《コン》衛《エト》唐《タウ》朝《テウ》殊《ニ》

重《オモンス》此職《シヨクヲ》統《トウ》領《リヤウスル》諸《モロ〳〵ノ》宿《シク》衛《エ》禁《キン》軍《グンヲ》故《ユヘナリ》也本朝又為《タリ》重《ヂウ》任《ジン》

大《タイ》將《シヤウ》　相當從三位　唐名羽《ウ》林《リン》大《タイ》将《シヤウ》軍《グン》　常《ツネニ》云幕《ハク》府《フト》

又云幕《バツ》下《カト》　又云大《タイ》樹《ジユ》　揔《テ》以《テ》将軍之称《シヨウナリ》也

非《スハ》譜《フ》第《ダイノ》之華《クワ》族《ゾクニ》者更不《ス》任《セ》之多《シ》是《ハ》大納言中《ノ》譜《ラウ》第《ダイノ》上《ジヤウ》臈《ラフ》任《ス》之於執《シツ》柄《ペイノ》息者《ソクニ》超《テハ》次《シ》第《ダイヲ》所《ナリ》任《スル》也又多《ク》被《ル》任《セ》左《リニ》也至《ナ》大臣帯《タイシテ》之為《ス》規《キ》模《ホト》又中納言任《ス》之

於凡《ハン》人《ジンニ》者弥《イヨ〳〵》為《タリ》眉《ビ》目《ボク》参《サン》議《ギノ》時《トキ》任《シスル》例《レイ》後《ゴノ》二條《デウノ》關《クワン》白《バク》
師《モロ》通《ミチ》公《コウナリ》也非《ヒ》参《サン》議《ギノ》人《ヒト》任《シスル》例《レイ》氏《ウヂ》宗《ムネ》公也《ノナリ》近代不可
有此《ルノ》比《ヒ》量《リヤウ》者《ノ》歟《カ》又任《シスル》大將人《ヒト》其職《シヨク》掌《シヤウ》大略《リヤク》同《ナレ》大
臣只守《テ》位次《ヰシ》著《キヤク》座《ザスル》許《バカリ》也《リ》其外内《ナイ》外《ゲノ》作《サ》法《ホフ》不混《コンゼ》餘《ヨ》
人《ジン》者也《リ》

中《チウ》將《ジヤウ》　権中将　親衛《ヱイ》中《チウ》郎《ラウ》将　相當従四位下　或云虎《コ》賁《ホン》中《チウ》郎将《ト》　唐名羽《ウ》林《リン》中《チウ》郎《ラウ》将《シヤウ》
華《クワ》族《ゾクノ》四位《ヰ》任《ジス》之執《シツ》柄《ペイノ》息《ソク》若《ハ》一《イツ》世《セ》二世《セノ》源《ゲ》氏《ジ》中《チウ》納《ナ》
言時《ノキ》兼《ヌ》之凡《ハン》人《ジン》兼《カヌル》之實《サネ》朝《トモ》公《コウ》是《レナリ》也非《ヒ》常《ジヤウノ》之極《キハマリナリ》也
清《セイ》華《クワノ》之人《ヒトハ》参議時《キ》兼《ヌ》之《シ》中絶《ゼツノ》家《イヘ》兼帯《ケンタイ》為《タリ》無《ム》念《ネン》之

儀《キ》也二位三位中將非大臣子若孫者不任之
至二位中將者執柄息外希《マレナル》例《レイナリ》也五位時任之
執柄息《ソク》外不可然云々英雄《エイユウ》大臣息《ソク》任之近代
事也非大臣子孫任之隆房《タカフサ》卿《キヤウ》等是也其外强《アナガチ》
雖非英雄重代拜《ハイ》任家有之

少將《セウシヤウ》

權少將　相當正五位下
唐名羽林《ウリン》次將親衛郎將欤

五位殿上人中為譜第《フダイ》公達《キンダチ》者任之叙四位時
去職但叙留《ジヨリウ》者是殊恩也近代毎人叙留又四
位後拜《ハイ》任又常事也三位少將者執柄息常被

任《セ》之《ニ》又藏人《クラウト》頭《ノ》時《キ》為《タルコト》少將《ニ》是古例《イニシヘノレイナリ》也又辨《ベン》官《クワン》兼《ヌ》之《ニ》公《キン》達《タチノ》中《ナカ》有《ル》才名人《メイトノ》事《コト》也近代殊《ニ》執《ス》之《ヲ》少納言事《コトナリ》也兼《ケ》任《シン》又希《マレナル》例《レイナリ》也

將監《シヤウゲン》　相當從六位上　唐名親《シン》衛《エイ》校《カウ》尉《ヰ》

六位《ノ》諸《シヨ》大夫任《ス》之《ニ》五位《ノ》時《キ》敘《シヨ》留《リウ》隨《スイ》分《ニ》執《シツス》之《シ》舞人《ブニント》樂《カク》人《シ》等《トウ》任《ス》之《ニ》即《チ》又敘《シヨ》留《リウ》定《シテル》事《コトナリ》也然《レトモ》而諸《シヨ》大夫《ハ》者執《シツス》之《ヲ》是《レ》各守《ル》故《コ》實《シツシ》故《ユヘナリ》也六位《ノ》侍《ラヒ》任《ス》之《ニ》或《ハ》執《シ》之《ヲ》或《ハ》不《ス》執《シツセ》之《ヲ》凡《ソハ》者不《ル》打《ウチ》任《アカセ》事《コトナリ》也於《テハ》敘《ニ》留者更《ニ》无《シ》其《ノ》例《レイ》

將曹《シヤウサウ》　相當從七位下　唐名親《シン》衛《エイ》錄《ロク》事

舞人《イユフト》樂人《カクノ》近衛《コンエノ》舎人《トネリ》等任《ス》レ之《ニ》

府生《フシヤウ》　唐名衛史《エイシ》　同前《ニ》　大將判授《ハンジユス》レ之

番長《バンギヤウ》　近衛《コンエノ》舎人《トネリ》中撰《エラビ》用《モチユ》レ之

上皇《ジヤウクワウ》執政《シツセイ》若《シハ》給《シタマフ》兵仗《ヒヤウヂヤウ》大臣及《ヒ》左右《サウノ》大將必《ス》召《メシ》仕《ツカフ》

之大《レイ》納言大將《ダイ》不《ス》召《メシ》仕《ツカハ》府生《フシヤウ》大臣大將以上召《メシ》

加《クワフルナリ》府生也《シ》

外衛《ゲエ》

左右《サウ》衛門府《エモンノフ》　唐名金吾《キンゴ》　又云《フ》監門《カンモン》

元《モトハ》者衛士府《エジフ》　嵯峨《サガノ》天皇御宇《ギヨウ》弘仁《コウニン》二年十一月《ニ》改《メラ》

云《フ》衛《ヱ》門《モン》府《フト》

督《カミ》一人　相當從四位下　唐名金吾將軍

左《サ》衛《ヱ》門《モンノ》督《カミハ》者為中《チウ》納《ナ》言《ゴン》參《サン》議《ギ》之人《ヒト》兼《ケン》任《シス》之近《シキ》

代《タイ》無非《ヒ》參《サン》議《キ》任《シスル》之例《レイ》　但源《ミナモトノ》賴《ヨリ》家《イヘ》朝《アソ》臣任　左衛門督《カミノ》別《ツ》儀《キ》歟　四府《フノ》

之中《ウチ》殊《トニ》執《ス》之右《シウ》衛門督《カミハ》者雖《モ》非參《サン》議《キト》任《ス》之但

近代無非參《サン》議《キノ》四位任《シスル》之例《レイ》

佐《スケ》一人　相當從五位上　唐名金吾次將　五位殿上人《ヒトノ》中《ウチ》任《シス》之

權佐《コンノスケ》一人　名《メイ》家《カノ》譜《フ》第《ダイ》擇《シテ》其人《ヒトシ》任《ス》

之必《ス》蒙使《ツカヒノ》宣《セン》旨《シ》又必《ス》可《キ》補《フス》藏人故《ユヘ》也

尉《ヰ》大《タイ》　相當從六位上　唐名金吾校尉《カウヰ》
少《セウ》　相當正七位上
顯官也仍六位諸大夫侍尤可擇其仁也
近代不及是非沙汰可謂无念其中蒙使
宣旨者至于今為異他之儀又五位後敘留
檢非違使之外未聞其例

志《サクワン》大少　唐名金吾錄事　見檢非違使篇

府生《フシヤウ》　唐名金吾衛史　或監門衛史

左右兵衛府《サウヒヤウヱノフ》　唐名武衛

督《カミ》一人　相當從四位下　唐名武衛大將軍

中納《チウナ》言《ゴン》参《サン》議《キ》散《サン》二《ニ》三《サン》位《ミ》非参《サン》議《ギノ》四位等《トウ》皆任《ニンス》

之《ニ》

佐《スケ》一人

相當從五位上

唐名武《フ》衛《エイ》次《ジ》将《シヤウ》

権《ゴンノ》佐《スケ》一人

五位殿上人《ヒトノ》中《カ》可《キ》然《ル》之輩《トモカラ》任《ニンス》之《ニ》但《シ》英《エイ》雄《イウ》強《アナカチ》不《ス》

望《ニ》之《ツ》即《チ》任《ニンスル》少将《ニ》故《ユヘ》歟《カ》

尉《セウ》

大《タイハ》　相當從六位下

少《セウハ》　相當正七位上

唐名武衛校尉《カウヰ》

六位諸《シヨ》大《ダイ》夫《フ》并《ヒニ》侍《ラヒ》任之《ニ》侍《ラヒハ》者自《リ》當府《フノ》尉《セウ》多《ク》轉《テンス》

衛《エ》門《モンニ》也諸大夫《ハ》不必《ス》然《カラ》

志《サクワン》大　唐名武《フ》衛録事
　少
非《ス》要官《ヨウクワン》仍《テ》府《フ》官之外強《アナカチ》不《ス》任《シセ》之
府《フ》生《シヤウ》　唐名武衛史　同前
左《サ》右《ウ》馬《メ》寮《レウ》　唐名典廐
頭《カミ》一人　相当従五位上　唐名典廐令
四位五位中可《キ》然之輩《カラ》任《シス》之知寮《リヨウ》務《ム》時《キ》尤《モ》為《ス》
重《テウ》職《シヨク》
権《コン》頭《カミ》一人
五位殿上人諸大夫共《トモニ》任《シス》諸大夫者《ハ》尤《モ》為《タリ》清

撰之職《シヨク》

助《スケ》一人　權助《スケ》一人　相當正六位下

唐名典《テン》廐《キウ》少《セウ》令《レイ》

五位諸大夫任之其撰《セン》超于他諸《シヨ》司《シ》助《スケ》也五

位侍任之太《ハナハタ》備眉目者也

允《セウ》大少　唐名典《テン》廐《キウ》丞《シヨウ》

近代六位侍任之瀧《タキ》口《グチ》給《タマフ》官時任允是例《レイナリ》也

屬《サツクワン》大少　唐名典廐主《シユ》事《ジ》

兵庫寮《ヒヤウコレウ》《ツハモノクラノツカサ》　唐名武《ブ》庫署《シヨ》

頭《カミ》一人　無權頭《カミ》　相當從五位上　唐名武《フ》庫《コ》令《レイ》

五位諸大夫任《ス》之《ニ》

助《スケ》　相当正六位下

唐名武《フ》庫《コ》少《セウ》令《レイ》

六位諸大夫任《シス》之《ニ》

允《セウ》大少　唐名武《フ》庫《コ》丞《ショウ》

屬《ヒツクワン》大少　唐名武《ブ》庫《コ》主《シユ》事《シ》

六位侍《ヒ》任《ス》之《ニ》

外《ゲ》武《ブノ》官《クワン》

將《シヤウ》帥《スイノ》之職《シヨクハ》古《コ》今《コン》重《オモンス》之所《シ》以《ユヘナリ》分《フン》閫《コン》外《グワイノ》之權《ケンシ》也漢《カン》書《シヨニ》

云《ク》馮《フ》唐《タウカ》曰《イハク》王《ワウ》者《シヤ》遣《ヤルニ》將《シヤウヲ》跪《ヒザマツイテ》而推《シテ》轂《コクヲ》曰《イハク》閫《コン》以内《ダイハ》寡《クワ》人《ジン》

制《セン》之閫《コン》以《ヨリ》外《グワイハ》將《シヤウ》軍《グン》制《サイセヨ》之軍《グン》功《コウノ》爵《シヤク》賞《シヤウ》皆《ナ》決《ケツスルト》於外《ホカニ》云

云大將《シヤウ》謂《イフ》之元《ゲン》帥《スイト》出《イツ》左傳《テン》其《ノ》居《キヨ》處《シヨ》謂《イフ》之幕《バク》府《フト》漢《カン》書《シヨ》

註《チウ》將《シヤウ》軍《グンノ》職《シヨクハ》在《リ》征《セイ》行《カウニ》無《シ》常《ツネノ》處《トコロ》所《シヨ》在《ザイ》為《ナス》治《チヲ》故《カルカユヘニ》言《イフ》幕《バク》府《ト》

云云又稱《シヨウス》將《シヤウ》帥《スイト》云《イフ》麾《キ》下《カト》又《ハ》云《フ》戲《キ》下《カト》漢書師《ニ》古《コカ》曰《ツ》

戲諸《シヨ》軍《クンシ》之旌《セイ》麾《キナリ》也云云又將帥《スイ》有《リ》賜《タマフ》節《セツ》鉞《エツノ》之制《セイ》

節度《トハ》者所《ユヘンナリ》以示《ス》其《ノ》信《シンシ》也斧《フ》鉞《エツハ》者所《コンナリ》以專《モハラニスル》刑《ケイ》戮《リクシ》本

朝將帥《スイノ》之任《ジン》起《シコリ》於神《ジン》代《ダイヨリ》也其初《メ》天《テン》照《セウ》太《タイ》神《ジン》欲《オボス》降《クダサント》天《アメ》孫《ミマゴ》於豊《トヨ》葦《アシ》原《ハラノ》中《ナカツ》國《クニ》之時《トキ》遣《ツカハス》經《フ》津《ツ》主《ヌシノ》神《カミ》又云齋《イハヒ》主《ヌシ》神香取《カトリノ》神是也健《タケ》雷《イカツチノ》神《カミ》鹿島《カシマノ》神《カミ》是也令平《ケ》諸《モロ〱》不順《マツロハ》者《ヌ》云々大物《モノ》主《ヌシノ》神《カミ》帥《ヒキヰテ》八《ヤ》十《ソ》萬《ヨロツノ》神《カミヲ》昇天《アメニ》天《アメノ》神《カミ》勅曰《ミコトノリシテノタマハク》宜領《ヒキヰテ》八《ヤ》十《ソ》萬《ヨロツノ》神永為皇《スメ》孫《ミマノ》奉《マホリ》護《マホツテ》乃《ハチ》使《シメヨ》還《カヘリ》降之云々一《アル》書《フミニ》曰事《コト》代《シロ》主《ヌシノ》神《カミ》八萬四千鬼《キ》類《ルイノ》大《タイ》神《シン》將《シヤウ》也云々又云大伴《トモノ》連《ムラジノ》遠《トホツ》祖《オヤ》天《アメノ》忍《オシ》日《ヒノ》命《ミコト》帥《ヒキヰテ》來目《メノ》部遠《トホツ》祖《オヤ》天《アメ》槵津《ツ》大《オホ》來目背《ソビラニハ》負《オヒ》天《アメノ》磐《イハ》靫《ユキヲ》臂著稜《イ》威《ツノ》高《タカ》鞆手《テニ》提《トリ》天《アメノ》梔《ハシ》弓《ユミ》天《アメノ》羽《ハ》々《ハ》矢《ヤ》及副持八《ヤツ》目《メノ》鳴《カブ》鏑《ラヲ》又帶頭槌劒

而立天孫之前云〻神代之制可見矣至于人代神武天皇東征之日物部氏祖道臣命為軍帥右称武士云物部起於此云〻崇神天皇十年命四道將軍遣四方云〻將軍之号正起於此歟其後景行天皇四十年以皇子日本武尊為征夷大將軍以武日命武彦命為左右將軍東征蝦夷云〻尓來征行之日命將軍不可勝計我國平定新羅高麗百濟之後百濟尤納懇款依之彼國置日本府遣鎮守將軍治之云〻然乃建將軍府之

初在此《ココ》手年記猶可勘入　聖武《シヤウム》天皇御宇陸奥國置
鎮《チン》守《ジユ》府《フ》初任將軍遣之若是本朝置軍府之初
歟征夷《セイイ》征東等臨時置之不聞有其府也

鎮《チン》守《ジユ》府《フ》

將軍《シヤウグン》一人

相當從五位上

古《コ》來《ライ》尤為重寄非武略之器者不當其仁仍代
〻称將軍者鎮守府將也中古以來為陸奥守
者多兼鎮府不可必然事歟守者宜擇吏幹之
才將者須用藩鎮之器故也又昔並置府國依

然《シカルニ》手地《チ》廣而在邊要也以《テ》信夫《シノフノ》郡以南租税《ソセイヲ》充《ミツ》
國《コク》府《フノ》之公《ク》廨《カイニ》以刈《カリ》田以《イ》北《ホクノ》稲《タウ》穀《コクシ》充《ミツト》鎮府《フノ》之兵《ヒヤウ》粮《ラウニ》
云々 見《ミユ》格 又邊《ヘン》要《ヨウノ》之中《ナカ》以陸奥《ムツ》為《ス》最《サイト》仍此國《クニ》昔
置《オク》五千人兵《シノツハモノヲ》也是皆可屬《ゾクス》鎮府乎建武三年
勅《チヨクメ》三位已《イ》上《ジヤウ》為當府將軍者可加大《ダイ》字《ジ》者云々
是《コレ》依國《コク》司《シノ》請《ウケ》奏《ソウニ》被下宣旨《センジ》也將軍相當五位
也三位已上位高職下依之申加大字而已
副《フク》將《シヤウ》軍《グン》二人 中古以《イ》來《ライ》不《ス》任《セ》之
軍《グン》監《カン》 相當正七位下

軍《グン》曹《サウ》　相當從八位上

堪《タヘタル》武《ブ》勇《ヨウノ》之士《シ》可《キ》補《フス》此《ノ》職《ニカ》歟近代於軍《クン》曹《サウニ》者公《ク》卿《キヤウ》

給《キフノ》之時《トキ》間《アヒ》申《マウス》之《ヲ》無《ナシ》其謂《イハレ》事《コトナリ》也

傔《ケン》仗《ヂヤウ》二人

擇《エランテ》重代《ノ》武《ブ》士《シヲ》補《フス》之《ニ》將《シヤウ》軍《グン》判《ハン》授《ジユノ》之官《ナリ》也凡《ソ》傔《ケン》仗《ヂヤウハ》者

陸《ムツ》奥《ノ》守《カミ》同《シク》給《ハル》二人《ニニン》按《アン》察《ゼツ》使《シ》給《ハルト》四人《シニン》云云

征《セイ》夷《イ》使《シ》

淸 大《タイ》將軍《シヤウグン》一人

征《セイ》夷《イハ》者始《ル》於日本《ヤマト》武《タケノ》尊《ミコトヨリ》每《コトニ》有《ル》兵《ヒヤウ》事《ジ》遣《ツカハス》將《シヤウ》帥《スイヲ》也粗《ホヽ》

見《ミエ》舊《キウ》記《キ》未置鎮《チン》守《ジュ》已《イ》往《ワウ》東征人《ヒト》或為按《ア》察《ゼツ》使《シ》或
為鎮《チン》守《ジュ》將軍文屋《ヤ》綿《ワタ》丸《マロ》以來《ライ》有征夷將軍之号《カウ》
云々愚案於鎮《チン》府《フ》者已有鎮《チン》將依之重遣將帥《スイ》
之日臨時加征夷号《カウ》歟坂《サカ》上田村《ムラ》丸者称征《セイ》東《トウ》
將軍平將門《タイラノマサカド》叛《ホン》乱《ラン》時參《サン》議《ギ》右衛《ヱ》門督《カミ》藤原忠文
朝《アツ》臣《ソン》任征東大將軍其弟仲舒源經基《ミナモトノツネモト》六孫王
也為副將軍發《ハツ》向《カウ》其後征《セイ》夷《イ》号《カウ》久以中絶《ゼツ》源義
仲《ナカ》朝《アツ》臣《ソン》京《キヤウ》上執兵《ヘイ》權《ケン》之日任征夷將軍云々
其後又權大納言右近大將源賴朝《ヨリトモ》卿《キヤウ》辭兩職《シヨク》

歸東國《コク》之後有　勅《チヨク》被《ラレ》任《ニンセ》征夷大將軍尓來《ソレヨリコノカタ》連
綿賴《ヨリ》家《イヘノ》朝臣自少將之時兼之又實《サネ》朝《トモ》公《コウ》自兵《ヒヤウ》
衛佐《スケノ》之時至大臣兼之彼流《リウ》斷絶之後藤《フチ》原《ハラノ》賴《ヨリ》
經《ツネノ》卿《キヤウ》下《ケ》向元服已《イ》後即任之其子《コ》賴《ヨリ》嗣《ツキノ》卿《キヤウ》又任
之中《ナカ》務《ツカサノ》卿《キヤウ》宗《ムネ》尊《タカ》親《シン》王《ワウ》下《ゲ》向《カウ》以《イ》後《ゴ》四代《ダイノ》親《シン》王《ワウ》任之
元《ケン》弘《コウ》一《イツ》統《トウノ》之初兵《ヒヤウ》部《フ》卿《キヤウ》護《モリ》良《ナカ》親王暫任之其後
上《カウ》野《ツケノ》太《タイ》守《シユ》成《ナリ》良《ヨシ》親《シン》王《ワウ》令兼《カネ》之給建《ケン》武《ム》三年二月
被止其号畢凡賴《ヨリ》朝《トモノ》卿《キヤウ》補之後依重征夷之任
不並任鎮《チン》府《フ》元《ケン》弘《コウ》已來被並任畢建久《キウ》已來未

任副《フク》將軍於軍監軍曹《サウニ》者時々《トキ〳〵》請《ウケ》任《シスト》云々

此兩卷中《ウチ》多《ク》定種《シユ》姓頗《スコフル》乖《ソムク》舊《キウ》記定《メテ》招後《コウ》難《ナン》歟《カ》

然《レトモ》而抄《セウ》出之本《ホン》意《イ》為《タメナリ》示于初《シヨ》心也且《アタ》家々之

勝《セウ》劣《レツ》人々存知只任《セテ》道理不加《ハヘ》今案《アンヲ》抑《ソモ〳〵》歷名

次《シ》第《タイ》親王公《ク》卿《キヤウ》諸王諸臣也《ナリ》今又以《ステ》一人《イチノヒト》公《キン》

達《タチ》諸《シヨ》大夫等分《フン》別《ス》之也

親《シン》王《ワウ》

皇子《ジ》立《タツコト》親王是《ヒ》為《タリ》恒《コウ》規《キ》雖《トモ》襁《キヤウ》褓《ホウ》童《トウ》躰《タイト》被《ルナリ》蒙《カウフラ》　宣

旨《シ》者也元《ゲン》服《フクノ》之時《キ》敘《ジヨ》品《ホン》當代右《キサキ》腹《ハラノ》親王《ハ》者三品《ホン》

自餘者四品云々或又後日敘《ジヨ》品《ホン》皆有例《レイ》童躰

及無品《ホン》親王者無任官之例《レイ》又無給姓之人更

為親王者不改本位乃為品但不分《ワカタ》正《シヤウ》從者也

皇孫《ワウソン》親王非常《ジヤウ》之儀也然而近來及數輩畢也

唐親王為三世源氏被蒙　宣旨世以為未曾

有但一向為　後《ゴ》宇《ウ》多《タ》院御猶子云々如此事

不足為例凡親王者其次在大臣之上而其禮《レイ》

等《トウ》同《ドウ》也至殊《コト》禮《レイ》者可依時宜當代親王及治世《ヂセイ》

上皇《クワウ》御子貴重不可混餘事《コト》也

公《ク》卿《ギヤウ》

攝《セツ》政《シヤウ》關《クワン》白《バク》及《ヒ》三公《コウハ》是《レ》公也《ツナリ》散《サン》一《イチ》位《ヰ》及《ヒ》三《ミ》位已上《ハ》是《レ》卿也《キヤウナリ》参議《ハ》者雖《ヘトモ》四位《ト》猶卿也《キヤウナリ》但《シ》召名《メシナ》猶《シ》称《シヨウス》四位《ト》也

諸《シヨ》王《ワウ》

雖《ヘトモ》一《イツ》世二世《ト》未《ニタ》為《タラ》親王未《タ》給《ハ》姓《シヤウヲ》者皆《ナ》諸《シヨ》王也《ナリ》敘《ジヨ》位《ヰ》已後《コハ》者無《ク》王卿之差《シヤ》別《ツハ》守《モル》位次《シ》者也

諸臣《シン》

四位已下《ゲ》初《シヨ》位已上《ツ》捴《スヘテ》云《フ》諸臣《ト》也

公卿《クギヤウ》諸臣《ノ》中《ナカニ》又分別之者《シ》有《リ》四等《トウ》

先《マヅ》一《イチノ》人《ヒトハ》者

當時《タウジ》兩流也《ナリ》法《ホフ》性《シヤウ》寺《ジノ》入《ニフ》道《ダウ》關《クワン》白《ハクノ》忠通道説後《コウ》胤《イン》近《コン》衛《ヱ》九條《デウ》

是也《ナリ》近衛流《ノリウ》又分《ワカレテ》為《タル》二《フタツト》九條《ノ》流《リウ》又分《レテ》為《タル》三《ミツト》雖其《ノ》

一族《ゾクトシテ》不《ズハ》被《ラレ》遂《トケ》先途《ドシ》者諸大臣《ノ》家《イヱ》不可有《ル》差《シヤ》別《ベツ》又

雖未《タ》遂《トケ》先途被《ラレ》受《ウケ》其《ノ》家《カ》督《トクヲ》之人《ヒト》優《イウ》恕《ジヨ》無《シト》異《イ》儀《ギ》又

父被見《ゲン》在《サイセ》之時者《キハ》雖《イヘトモ》末《バツ》子《シト》猶加《ハウ》其《ノ》禮《レイヲ》云々

公《キン》達《ダチトハ》者

三家《ケ》等《トウノ》華《クワ》族《ゾクナリ》也稱《シヨウストハ》三家《ト》者中《チウノ》院《サン》具《グ》平《ヘイ》親王子《シ》孫《ソン》源《ゲン》氏《ジナリ》也本《モトハ》云《フ》土《ツチ》

御門流雅定大臣以後有中院号

閑院 九條右大臣師輔公十一男公季大臣子孫也彼大臣号閑院大政大臣當時雖為三流揔云閑院也

花山院 京極関白息家忠大臣称花山院右大臣（左道説）仍其子孫云花山院也

此外大炊御門流 家忠大臣弟經實大納言子孫也雖別流世存花山院一家之由也

以此三流為花族公達也但當時雖皇子皇孫賜姓昇大臣大將若執柄息中雖不遂先途令相續将相者即又清華勿論事歟近代依無其人三家頗成英雄之思者也將又雖不至将相經歷近衛次将昇納言已上家〻又公達之列也於不放埒之輩

者隨分《フンニ》皆稱《ショウスル》雄乎《イウトカ》

諸《ショ》大夫《ダイブ》者《トハ》

六條《デウノ》修理《シュリノ》大夫《ダイブ》顯季《アキスヱノ》餘流《ヨリウ》此号《シス》四條《デウ》隆房《タカフサ》大納言初任《メテ》近衛《コンヱ》將《シャウニ》以來《コノカタ》昇進《ジン》多《クハ》如《シ》公達《キンタチノ》之家又称《ショウス》名家《メイカ》者大藏卿《キャウ》爲房《タメフサノ》餘胤《ヨイン》兩流号勸修寺《クワンジュジ》葉室《ハムロ》參議《サンギ》有國《アリクニノ》子孫《シソン》又有兩流《リウ》号《ス》大福寺《タイフクジ》日野《ヒノ》但此流儒門也

中納言親宗《チカムネノ》子孫平氏《ヘイシ》等《トウ》是也《レナリ》經歷《ケイレキシ》侍中《ジチウ》辨官《クワンヲ》昇《ノボリ》大中納言多執院中《ヰンチウノ》權《ケンヲ》故振《フルテ》威勢《ヰセイヲ》頗《スコブル》有鷹《オウ》揚《ヤウノ》之思歟然而《シカレトモ》累代《ルイダイ》爲執柄《シツペイ》家家司《ケイシ》職事《シキジ》不遁

詩大明時維鷹揚　韻府

名家《カノ》之号《カウツ》此《ノ》外南《ナン》家《ケ》式《シキ》家《ケ》菅《カン》江《ガウ》之儒《ジュ》或《ハ》昇進或《ハ》
沈《チン》淪《リンス》然《レトモ》而登《トウ》用《ヨウノ》之時《キ》准《ジュンメ》名家《カニ》被《ルヽコト》召《メシ》仕《ツカハ》流《リウ》例《レイナリ》也又
源《ゲン》平《ヘイ》両家《カノ》武《ブ》士《シノ》中《ナカ》源《ゲン》氏《ハ》頼《ライ》義《ギ》義《ギ》家《カノ》後胤《イン》平《ヘイ》家《ケハ》者
正《マサ》盛《モリ》忠《タヽ》盛《モリ》等《トウノ》餘流《リウ》於今《テハ》断絶《セッス》者自古諸大夫《ブノ》一列《レツナリ》也
或《ハ》又候《コウスル》執《シツ》柄《ヘイ》及《ニ》諸大臣《ジンノ》家《イエニ》輩《ラ》六位《ノ》時《キ》補《フス》侍中《ケウニ》五
位已後《コ》参《サンス》院上《ノ》北《ホツ》面《メンニ》剃聴院《ヰン》内《ウチノ》昇《セウ》殿《テンシ》家《イヘ》ニ不可
勝計《ス》加之《シカノミナラス》官《クワン》外《ゲ》記《キ》醫《井》陰《オン》伊《イ》勢《セノ》齋《サイ》宮《クウノ》等《トウ》諸《ショ》大《タイ》夫《フノ》一
列《ナリ》也且《ツハ》正《タヽシ》本系《ケイツ》且《ツハ》随《シタカフ》行《キヤウ》状《ニ》有其《ノ》沙汰事《コトナリ》也凡《ヲヨソ》公
達《タチ》諸大夫《ノ》之号《カウ》起《オコル》於執《シツ》柄《ヘイヨリ》事《コトナリ》也云々執《シツ》柄《ヘイノ》一《イチ》門《モン》

及《ニ》可《キ》然《ル》人《ヒト》〻子孫謂《フ》之《シ》公達《キンダチト》縱《タトヒ》雖《トモ》累代《ルイタイ》家禮《ケライ》之《ノ》
人《ヒト》不《ル》失《ナハ》其《ノ》名号《メイカウ》歟《カ》諸大夫《ハ》者正《マサシク》補《フシ》彼《ノ》家司《ケイシ》職事《シキジ》
列《レツシ》家《カ》僕《ボク》之輩《ラノ》之後胤《コウイン》也《ナリ》云〻

侍者《サフラヒトハ》

此《ノ》抄《セウ》所《ショ》〻称《ショウス》五位六位《ノ》侍《サフラヒト》頗《スコブル》不《ル》古躰《テイナラ》歟《カ》但《シ》准《ミナス》近
日《ジツノ》之俗《ゾクニ》所《ナリ》号《スル》之也《シ》弘安《コウアン》之比《コロ》被《ラル》定《シメ》書《シヨ》札《サツ》禮《レイ》之時《キ》
被《レ》書《カ》五位六位《ノ》下《ゲ》北面《シ》畢《ハンヌ》又公《ク》家《ゲニ》称《スル》諸司《ノ》官人《ニント》
是《ナリ》也凡《ソ》称《スル》侍《ラヒト》者親王大臣以下諸家《ケノ》恪《カク》勤《ゴノ》之名《ナリ》
也此《ノ》中《ケ》賞《ス》譜《フ》第《ダイシ》賤《イヤシミ》放《ハウ》捋《ラツ》事《コト》古來《ノ》之儀《ギナリ》也諸大夫

之家者不仕諸大夫仍世會之名家殊撰仕重代侍云々抑至武士者昔無不屬源平兩家者其子孫皆称譜第鎌倉右大將同右大臣昇將相之後諸大夫後胤或新加之輩雖立本秩自列昇進重代武士強不存差別云々兩家元諸大夫也其時已入肩戍一列之好故欤官位昇進事彼此各可因准先例不應任雅意者也此外本所侍品或列諸道或傳一藝之輩種類繁多不遑羅縷矣

秩直質切、職也、官也、次也、序也、積也、整也、常也、祭也、
毛晃、介雖秩々智也、又秩々清也、

或《アル》人《ヒト》請《コフ》聞《キカント》官位昇進《ノ》之次《シ》第《タイノ》欲《ホスルニ》傳《コト》口《コウ》實《シツヲ》可《シ》似《ニタル》臆《シツノ》説《セツニ》欲《ホスルニ》貽《ノコサント》手《シユ》澤《レツ》有《リ》慭《ハツルコト》来《ライ》者《シ》予從《リテ》出俗《ソク》塵《チンヲ》已移《ツス》十年《ノ》之寒《カ》暑《ショヲ》況《イハンヤ》在《テ》逆《ゲキ》旅《リヨニ》不《ス》蓄《タクハヘ》一巻《クワンノ》之文《ブン》書《シヨヲ》毎《ゴトニ》事《コト》荒《コツトシテ》恰《アタカモ》如《シ》蒙《フカ》覺《ホトキシ》同 上章執《シフ》徐《ジヨノ》之春《ハル》夾《カフ》鐘《シヨウ》候《コウ》豫《ヨノ》之日《ヒ》强《ツトメテ》而染《ム》翰《カンヲ》聊《イサヽカ》以《テ》終《シフ》巻《アキシ》見《ムテ》引《ヒカ》餘習《シフニ》不《ル》顧《カヘリミ》後《ノチノ》之嘲《アザケリヲノミ》耳

正《ジヤウ》一《イチ》位《ヰ》　唐名文散《サン》位《ヰ》

天平《ニヤウ》勝《シヨウ》寶《ホウ》二年以從《ジユ》一《イチ》位《ヰ》左《サ》大《ダイ》臣《ジン》諸《モロ》兄《エ》始《メテ》敍正
一位其後《ノチ》藤《フヂ》原《ハラノ》押《オシ》勝《カツ》同永《ナガ》手《テ》等《トウノ》公《コウ》敍《ジヨス》之此外無
存《ソン》生《ジヤウノ》例《レイ》皆以贈《ゾウ》位《ヰナリ》也

從《ジユ》一《イチ》位《ヰ》　唐名開府《フ》儀同《トウ》三《サン》司《シ》

天《テン》平《ピヤウ》十五年右《ウ》大《ダイ》臣《ジン》諸《モロ》兄《エ》始《メテ》敍《ジヨス》之大臣以十年
勞必敍《ジヨス》一位或文依時議敍之前《サキノ》大納言敍例
弘《コウ》安《アン》六年基《モト》具《トモ》公《コウ》始敍之其後皆以可然人
敍之現《ゲン》任《ニン》大納言敍《ジヨスル》例嘉《カ》元《ゲン》三年具《トモ》守《モリ》公《コウナリ》也近

代宣《ノフ》房《フサノ》卿《キヤウ》叙《ジヨ》之以来《シテヨリコノカタ》名《メイ》家《カノ》輩《ヤカラ》多以《テ》叙《ス》之可《シ》謂《フ》無《ム》
念《ネント》也
正《ジヤウ》二《ニ》位《ヰ》　唐名特《トク》進《シン》　或《ハ》上《ジヤウ》柱《チウ》國《コク》
大《タイ》寶《ホウ》元《グワン》年以《テ》左《サ》大《ダイ》臣《ジン》正《ジヤウ》廣《クワウ》参《サン》多《タ》治《チ》比《ヒ》嶋《シマノ》眞人《トシ》叙《メテ》
正廣参始《テ》叙《ス》之
從《ジユ》二位《ヰ》　唐名光《クワウ》禄《ロク》大《タイ》夫《フ》
文《モン》武《ム》五年以《テ》大納言正廣参阿《ア》倍《ヘノ》御主《スシ》人《ヒトシ》始《テ》叙《ス》
之攝政關白太臣納言参議叙《ス》之散《サン》正《ジヤウ》二位《ヰ》始《ル》
延《エン》久《キウ》師《モロ》成《ナリノ》卿《キヤウ》同從二位《ハ》正暦《リヤク》成《ナリ》忠《タヽ》初《メナリ》也二位中

將《ハ》始《ハジメ》頼《ヨリ》宗《ムネ》公《コウニ》也攝《セツ》關《クワンノ》子《コ》及《ビ》孫得《ウ》之《ヲ》只《タダ》人《ヒト》俊《トシ》房《フサ》天喜 通《ミチ》建仁
光《ミツ》公《コウ》等《トウ》也又少將《ハ》永久《ニ》敍《リ》實《サネ》始《ム》之《ヲ》或《ハ》又侍従敍《ス》
之《ニ》 祐《スケ》家《イヘ》儒《ジユ》道《ダウ》宿老公卿《キヤウ》以下皆敍《スル》之《ニ》者也

正《ジヤウ》三《ザン》位《ミ》 唐名金《キン》紫《シ》光《クワウ》禄《ロク》大《タイ》夫《フ》
文《モン》武《ム》五年以《テ》中《チウ》納《ナ》言《ゴン》直《ヂキ》大《ダイ》一《イチ》石《イソ》上《ノカミ》麻《マ》呂《ロ》敍《ジヨス》之《ニ》

従《ジユ》三《ザン》位《ミ》 唐名銀《ギン》青《セイ》光《クワウ》禄《ロク》大《タイ》夫《フ》
和《ワ》銅《ドウ》二年以《テ》長《ナガ》屋《ヤノ》王《ワウ》始《メテ》敍《ジヨス》之《ニ》文《モン》武《ム》四年中納言《コン》
大《オホ》神《カノ》高《タケ》市《チ》丸《マロ》敍《ス》之《ニ》近《コン》衛《エノ》中《チウ》將《ジヤウハ》者承《ジヨウ》和《ワ》二年源信
公《ニ》正三位任《ス》左中將《ニ》始《テ》敍《ス》之《ニ》依《テ》彼《ノ》例《レイニ》東三條《デウノ》關《クワン》白《パク》兼《カネ》家《イヘノ》

始《テ》為《タリ》三位《ミノ》中将《ノ》其後執《シツ》柄《ヘイ》凡《ボン》人《ジンノ》息《ソツ》皆叙《ス》之《ニ》少将《ハ》
者《ニ》宇《ウ》治《チノ》関《クワン》白《ハク》始《ム》之《ヲ》或《ハ》御《ミ》堂《ダウ》其《ノ》以《イ》後《コ》執柄《ノ》息《ソツ》時《トキ》々
叙《ス》之《ニ》孫忠家御 規模《ボノ》事《トナリ》也抑《ソモ〳〵》散《サン》三位《ミハ》者儒《ジユ》道神《シン》
祇《ギノ》者尤《モ》得《ウ》之《ヲ》 順《ジユン》徳《トク》院《ノ》御《ギヨ》記《キニ》曰近年諸大夫生
公《キン》達《ダチ》或《ハ》上《アガリ》或《ハ》下《クダリ》一面《ニ》趣《オモムク》此《ノ》境《サカヒニ》如《シ》雲《ウン》霞《カノ》所《イハ》謂《ユル》離《ハナル》二
道《ミチ》中辨 中将 信《ノブ》輔《スケ》敦《アツ》兼《カヌ》通《ミチ》基《モト》等《トウノ》濁《ダク》流《リウ》捨《ステ》文《ブン》南家《ケ》捨《ステ》武《ブ》
平《ヘイ》家《ケ》及《シテ》事《コトニ》潤《ウルホス》屋《ソク》清《キヨ》隆《タカ》邦《クニ》綱《ツナ》等《トウノ》輩《カラ》去《リ》辨《ベンジテ》去《ル》中将《ヲ》山《サン》
中《チウ》昨《サク》木《ボク》之類《ナリ》也何《イカニ》況《イハンヤ》塵《ヂン》土《ト》出《シユツ》身《シンノ》始《メ》清《セイ》華《グワ》零《レイ》落《ラクノ》終《ヲハリ》
萬《バン》人《ジン》以《テ》此《ノ》境《サカヒヲ》為《ス》道《ミチト》仍《テ》近年世人《ヒト》号《カウスト》三位《ミノ》淵《フケト》云々

正《シヤウ》四《シ》位《ヰ》上《ジヤウ》　唐名正《セイ》議《ギ》大《タイ》夫《フ》
藏人《クラウトノ》頭《トウ》及《ヒ》賀《カ》安《アンノ》兩家《カ》陰《イン》陽《ヤウ》道《ダウ》神《ジン》祇《ギノ》輩《ラ》外《ゲ》記《キ》史《シ》等《トウノ》
宿《シユク》老《ラウ》敘《ジヨス》之
正《シヤウ》四位《ヰ》下《ゲ》　唐名通《トウ》議《ギ》大《タイ》夫《フ》
從《ジユ》四位《ヰ》上《ジヤウ》下《ゲ》
貴《キ》賤《セン》任《ナセテ》次《シ》第《タイニ》敘《ジヨス》之無《シ》殊《コトナル》子《シ》細《サイ》法《ホフ》曹《サウノ》輩《カラ》及《ヒ》侍《サフラヒ》敘《ノスルハ》四
位《ニ》隨《ズイ》分《ブン》抽《チウ》賞《ノ》之儀《ギナリ》也
正《シヤウ》五《ゴ》位《ヰ》上　唐名中《チウ》散《サン》大夫
五位《ノ》職《シキ》事《ジ》及《ヒ》外《ゲ》記《キ》史《シ》明《ミヤウ》法《ホフ》道《ダウ》等《ハ》敘《ノス》之如《シ》正四位

上

正《シヤウ》五《ゴ》位《ヰ》下《ゲ》　唐名朝《テウ》議《ギ》大《タイ》夫《フ》

従《ジユ》五《ゴ》位《ヰ》上《ジヤウ》下《ゲ》　唐名上《ハ》朝《テウ》請《セイ》大夫　下《ゲハ》朝《テウ》散《サン》大夫

是《レ》文無《シ》別儀《キ》外《ケ》従《ジユ》五位下《ゲ》叙《ジヨ》内《ナイ》階《カイニ》載《ノス》入《ニフ》内《ナイノ》勘文《モン》

正《シヤウ》六位《ヰ》上《ジヤウ》　唐名朝《テウ》請《セイ》議《ギ》郎《ラウ》

蔵《クラウ》人《ド》及《ヒ》少《セウ》外《ゲ》記《キ》少《セウ》史《シ》侍等《トウ》叙《ス》之外《ゲ》記《キ》史《シ》等《トウ》以《テ》六位十《シフ》年労《ラウヲ》叙《ジヨ》爵《シヤクス》其《ノ》余《ノ》相当見《ミユ》右《キニ》

正《シヤウ》六位下《ゲ》　唐名承《ジヨウ》議《ギ》郎《ラウ》

従《ジユ》六位上《ジヤウ》下《ゲ》　唐名上《ハ》奉《ホウ》議《ギ》郎《ラウ》　下《ゲハ》通《トウ》直《チヨク》郎

子細《サイ》大略《リヤク》同《ジ》右《ミギニ》

正七《シチ》位上下《ジヤウゲ》　唐名　上ハ朝請《テウセイ》郎　下ハ宣徳《セントク》郎

從《ジユ》七《シチ》位上下　唐名　上ハ朝散《テウサン》郎　下ハ宣議《センギ》郎

左右《サウ》少史《セウシ》少内記《セウナイキ》陰陽《インヤウ》漏刻《ロウコク》博士《ハカセ》助教《ジヨケウ》明法《ミヤウホウ》博《ハカ》

士《セ》大《ダイ》上《ジヤウ》國《コクノ》掾《ゼウ》等《トウ》七位相《サウ》當也《ナリ》

正八《ハチ》位上下　唐名　上ハ給事《キフジ》郎　下ハ徴事《テウジ》郎

從《ジユ》八《ハチ》位上下　唐名　上ハ承奉《ショウホウ》郎　下ハ承務郎

采女《ウネメ》主水《モトンノ》佑《ゼウ》中《チウ》下《ゲ》國《コクノ》掾《ゼウ》八《ハチ》位相當也《サウタウナリ》

正九《ク》位《ヰ》上《ジヤウ》　唐名　儒林《ジユリン》郎　中國目《ノサクワン》等《トウ》相當也

大《タイ》初《シヨ》位《ヰ》上下　唐名・登《ト》仕《シ》郎　相當同之上欤

少《セウ》初《シヨ》位《ヰ》上下　唐名・上ハ文《フン》林《リン》郎　下ハ時《シ》仕《シ》郎

下《ケ》國《コクノ》目《サツクワン》等《トウ》相當也《ナリ》

已上・三十《シツ》階《カイ》訖《ヌ》

天武天皇十四年正月丁未朔丁卯更改爵位之号

明大一位　明廣一位　明大二位　明廣二位

淨大一位　淨廣一位　淨大二位　淨廣二位

淨大三位　淨廣三位　淨大四位　淨廣四位

正大一位　正廣一位　正大二位　正廣二位

正大三位　正廣三位　正大四位　正廣四位

直大一位　直廣一位　直大二位　直廣二位

直大三位　直廣三位　直大四位　直廣四位

勤大一位　勤廣一位　勤大二位　勤廣二位

勤大三位　勤廣三位　勤大四位　勤廣四位
務大一位　務廣一位　務大二位　務廣二位
務大三位　務廣三位　務大四位　務廣四位
追大一位　追廣一位　追大二位　追廣二位
追大三位　追廣三位　追大四位　追廣四位
進大一位　進廣一位　進大二位　進廣二位
進大三位　進廣三位　進大四位　進廣四位
四十八階以前諸臣之位

官位相當者以官書上不相當者以位書上位貴
官賤書行字官貴位賤書守字官位相當者又書
行字同列者書行守両字之事高官上書守字下
官上書行字若有數兼官者以相當官書上餘官
皆雖高官為兼官若共不相當者書官次第見職
員令
相當官賤不相當官貴以相當賤官可書上有相
當官無兼官不書行守字
令去凡位有貴賤官有高下階貴則職高位賤則

任下官位相當各有等級選敘令云凡内外文武官云〻而本位有高下者若職事卑為行高為守謂若以无位人任長上官者亦須注守也近代於謂相當以京官書上京官之中以文官為先以武官為次以外國為下欤隨時可斟酌也

位所書様　先官次位

中納言従三位　中納言者従三位官也

左大辨従四位上　大辨者従四位上官也

左少辨正五位下　少辨者正五位下官也

行字 位高官卑者用之

正二位行大納言 大納言者正三位官也

正四位下行左大辨 大辨者從四位上官也

守字 位卑官高者用之

從三位守大納言 大納言者正三位官也

從四位上守治部卿 治部卿者正四位下官也

行守字共用事

從三位守大納言兼行春宮大夫

大納言者正三位官也仍有守字

春宮大夫者從四位上官也仍有行字

相當官又有行字事

左近衛大將從三位兼守大納言行民部卿

大將者相當官也仍有上納言者正三位也
仍有守字民部卿者正四位下也仍用行字

同位官先文官事

權大納言從三位兼行中宮大夫右衛門督

中宮大夫右衛門督共從四位下
也尤文右武之故以大夫置上也

外國不依相當在諸官下事

從五位下行中宮大進兼近江守

大進者六位官也大國守從五位
上官也不依相當以外国為下

散位

四位五位無官之人用之歴受領之人者経数

官雖去之猶以本所歴之國守用之不用散位

字是末公文之受領也勘公文之前司用散位

字六位用散位字者文章生外國之後任限過

畢散位用之雖非文章生任諸國介掾之者任

限過之後可用散位

攝關書散位字事

堀河院和歌宴京極前關白被書散位從一位

近則後光明照院前関白同被用散位字 後醍醐院御時

必在位上事

攝政・関白・参議　別當　藏人頭 五位藏人

修理宮城使 判官次官・造寺長官・同上

鎮守府將軍　施藥院使　内舎人　外國前

司 未公文受領書也

攝政太政大臣從一位 関白同之

参議民部卿正四位下兼行春宮大夫

民部卿者正四位下官也相當

也春宮大夫從四位下官也

左右衛門尉各廿人　左右兵衛尉各廿人
左右馬允各廿五人
内舎人六十人　久安四年正月廿七日以蔵人木工頭平範家役外記
左右近衛中少將各四人并十六人宜為定數
其外闕不可取上者　保元二年正月廿九日院宣後兼奉
左右衛門　左右兵衛各廿五人
左右馬允各廿人　内舎人六十人永可
為員數者　保元三年正月卅日藏人右少弁親範役外記
散正三位　始長保五年親信寛弘二高遠

散従三位。

自上古有之。近代賀茂。日吉祢宜橘家母
家皆叙之。剰近日卜部安倍輩叙之。可謂無念

○官位相當畧頌

太政大臣從一位　左右大臣是二位
大納言等正三位　太宰都督中納言
近衛大將彈正尹　以上皆是從三位
皇太子傅中務卿　以上正四位上也
式部以下七省卿　皆是正四位下官
近衛中將兩大辨　又是從四位上也
中宮春宮兩大夫　京職修理兩大夫
勾勘《勘解由》長官神祇伯　彈正大弼按察使

太宰大貳已下等　衛門兵衛四府督
皆是從四位下官　中務大輔兩中辨
大膳大夫以下等　以上正五位上也
彈正少弼兩少將　七省大輔兩少辨
已上正五位下官　中務少輔大舍人
圖書内藏大学頭　雅樂玄蕃諸陵頭
主計主税木工頭　内匠寮頭四府佐
左右馬寮兵庫頭　大國刺史已下等
從五位上皆一列　神祇大副侍從等

七省少輔文博士　中宮東宮两職亮
縫殿陰陽大炊頭　主殿典薬掃部頭
太宰少貳齋宮職（頭）　勾勘次官齋長官
上國刺史大監物　従五位下皆同之
神祇少副大内記　左右大史大外記
中務大丞囚獄正　内膳主膳造酒正
弾正大忠両市正　正六位上是相當
此外正（従）六（七）位下官　除目叙位不被載
其數細ゝ無位記　相當畧頌無益也

官位相當書様者　先官後位是相當
先位後官不相當　位勝官旁書行字
高官下位以守字

僧職

僧正（大正 権）　僧都（大正権 少権）　律師（正 権）　法印（大和尚位）　法眼
（和尚位）　法橋（上人位）　法務（惣正 権元）　威儀師（大）　従威儀　已講
阿闍梨　内供　長吏　別當　執行　座主
検校　上座　寺主　都維那　勾當　専當
竪者　注記

女官

太皇太后宮　皇太后宮　皇后宮　中宮
女院　内親王　女王　女御　女御代　御息所
更衣　北政所　御臺盤所　尚侍　典侍
御匣殿　宣旨　掌侍　藏人　命婦　女官
主殿　得選　釆女　刀自《トジ》　女孺　東豎司
雜仕　上童　下仕

院廳《サンチヤウ》 沿官處通作廳、漢晋皆作廳、六朝以来乃加广、聽与廳義異、古重押

大別当《タイベツタウ》 大臣《ダイジン》公卿《クギヤウ》清華《セイグワ》之人《ヒト》任《ジス》之

執事《シツジ》 名家《メイカ》之人任之

年預《ネンヨ》 名家之人任之

判官代《ハングワンダイ》 諸大夫《シヨダイブ》任之

主典代《シユテンダイ》 廳官《チヤウグワン》宿老《シユクラウ》任之

官人《クワンジン》 在廳《チヤウ》官《グワント》

代字《ダイノジ》限《カギル》院中《ヰンチウニ》者也《ノナリ》宮《ミヤハ》者宮司《ミヤツカサ》等《トウ》有《リ》之

親王《シンワウ》執柄《シツペイ》大臣家《ダイジンケ》謂之政所《マンドコロ》

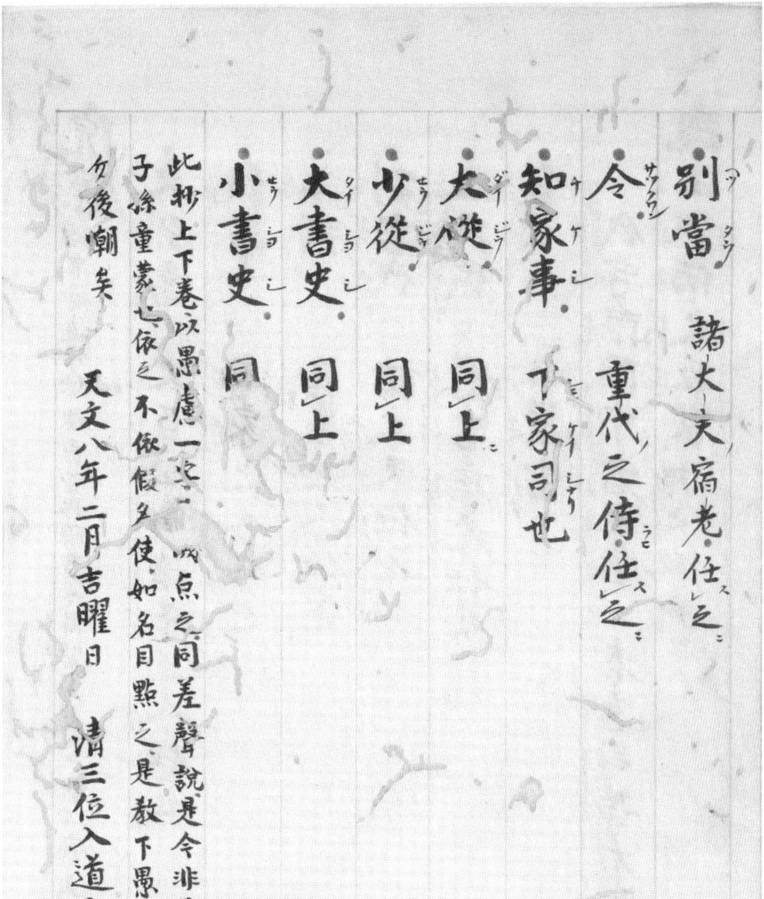
別當《ヘツタウ》　諸大夫宿老任之
令《サクワン》　重代之侍任之
知家事《チケシ》　下家司《ケイシ》也
大從《ダイジウ》　同上
少從《セウジウ》　同上
大書史《タイシヨシ》　同上
小書史《セウシヨシ》　同
此抄上下巻以愚慮一々加點之同差聲説是令非為他為覺
子孫童蒙也依之不假假名使如名目點之是教下愚一之術也
勿後嘲矣
天文八年二月吉曜日
清三位入道宗尤判

右抄環翠　先人為覽童蒙、一字不缺、以假名加點之、其嚴
如陸德明作音義、其勤如郭景純註尒雅、非啻擊童子
之蒙、宜令解老生之惑、准个名目故實、或称庭訓、或称家
說、有尒為尒、我為我、故愚意差異者、聊以來注其側、以擬
鄭氏箋而已　　于時天文第八仲春　日　都講郎　在判
右抄祖父環翠為童蒙、不依假名遣、如名目點之、
復亦於左點着道遙稱名、二公之說也、被擬鄭氏
箋云〻、道由拭澀眼染禿筆、奉備進
殿下御前者也、　（私云）前關白豐臣秀吉公也

峕天正十有三初秋日

清三位入道雪菴道白上

職原抄　裏表紙

異名盡

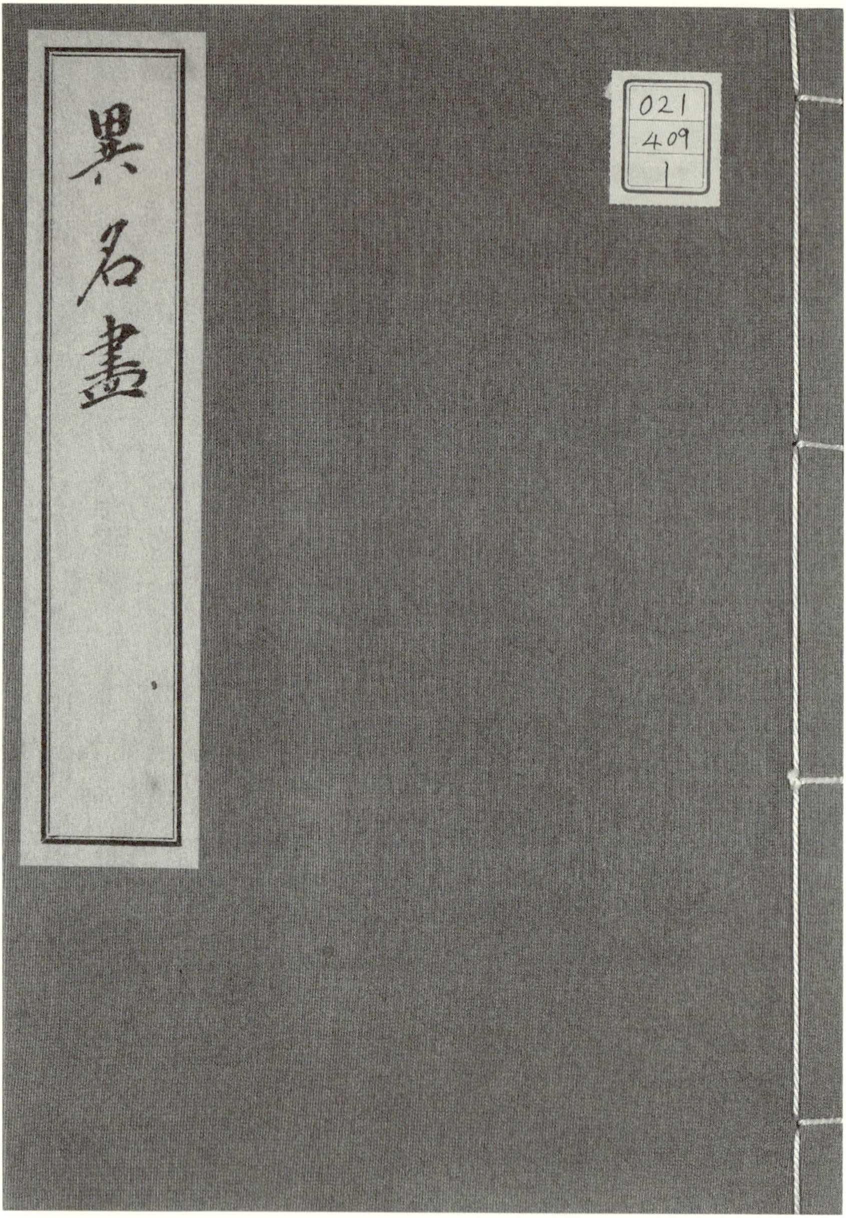
異名盡
021
409
1

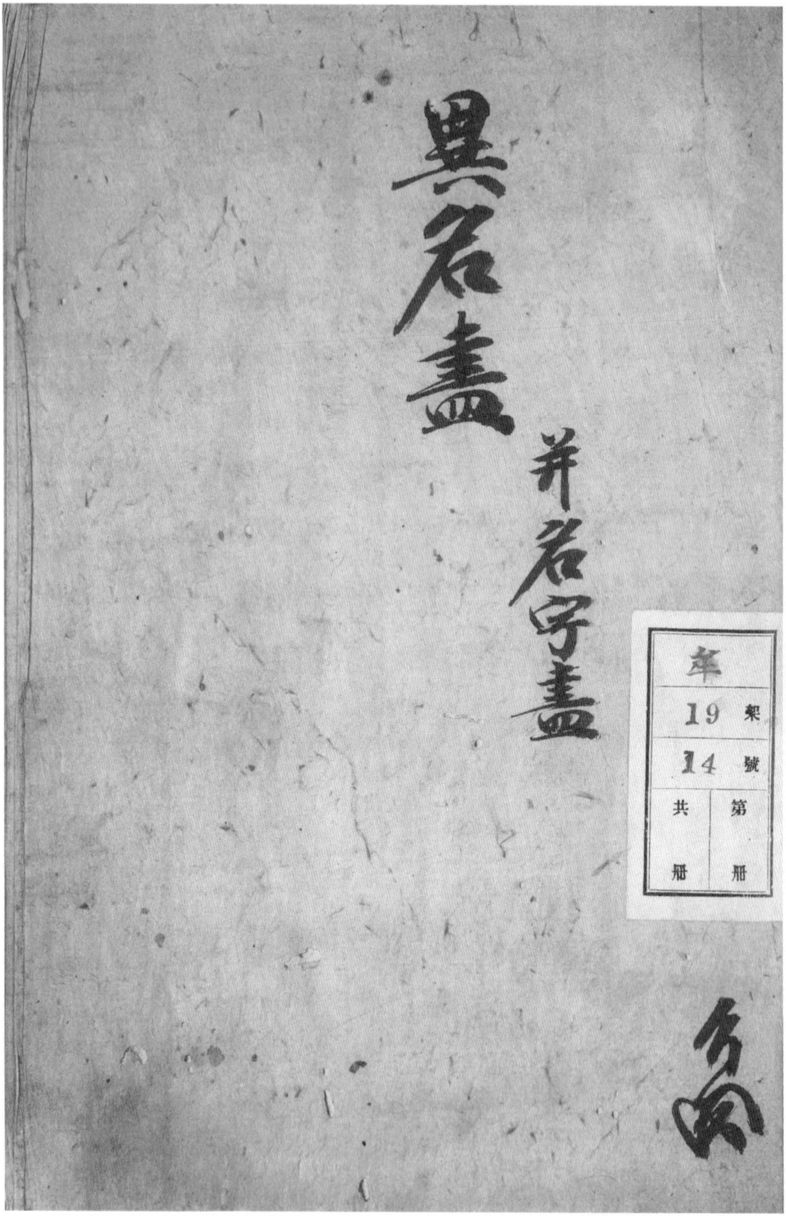
異名盡
并名字盡
19　架
14　號
共　冊
第　冊

表中表紙見返

8085
昭12. 7.11

日異名

晃《日ノヒカリ》　暈《日月ノカサ》　日蝕《ニチニシヨク》
曒《アサヒ》　旭

萍實　曜烏　烏輪

金烏　白兎　落暉

若陽　返照　隼斜暉

朝　白駒　牛曦

月異名

義方《月ノ光》　脊《アリアケ》　晴　會明　残月

月隗《ツキノ》　月谷　月蝕　雲月《ツキヨ》

桂轂　月銀兎《ツキノナヽ》　桂輪　銀蟾　朧月《ロウケツ》

玉兎　蟾蜍　涼兎　ヨヰヽツキ

鑑照　圓鏡　姮娥　弦月《ユミハリツキ》

波鏡　玉弓　半輪

星異名

南《ナン》斗《ト》北《ホク》斗《ト》 ホシノナ

嬌辰《ケフシン》 月

牽《ケン》牛《キウ》 ヒコホシ

繁星

汀星

玉井

銀兎

虚弓

銀鑑

柗桧

壬瀧

織女《シヨクヂヨ》

宿曜《シユクヨウ》 ホシノ名

奔星《ヨハイホシ》

流星 月

昴星《スハル》

圓清《エンせイ》 天ノ名也・ 蒼天《サウテン》 ハルノ天也 炎天《エンテン》 ナツノ天也 旻天 アキノ天也 幽天 冬ノ天也

穹《シソラ》 ヨル 閭 同 天河《アマノカワ》 銀漢 同 漢河 同 ：

天漢ヒ漢 同

電《イナツマ》 イナヒカリ 霆 同 霹 同 霳 同 靂 同 雫 イナヒカリ

山雫《ヤマヒコ》 旱魃《カンハツ》 ヒデリ

春之異名

青陽　芳春　花月

蒼天　和暖　花春

照陽　春魚　三

夏之異名

朱明　朱夏　炎夏
炎景　炎節　長嬴
炎天　大夏　炎熱
金柯
秋異名

白蔵　金商　素商

素秋　涼秋　清秋

暑天　金秋　涼風

冬之異名

玄英　玄冬　玄英

嚴冬　寒冬　歯冬

岩霜　九冬　嵓冬

嵓凝

正月之異名

上陽　孟陽　始和　解凍

端月　大蔟　献春　献陬
孟春　孟陬　肥月　上春

二月之異名

夾鐘　仲春　仲陽　星鳥
春中　絹更着

三月之異名

草《サウ》孫《ミ》生《セイ》

沽洗　萍生　桃浪　楡雨

季春　暮春　恵風　花賊 賊イ

卯月之異名

畏景　仲呂　初夏　孟夏

宜平　維夏　首夏　脩景

朱炎　欝暑

五月之異名

端午　蕤賓　仲夏　星大

炎景　初伏　夏中　朱明

南訛　早苗月　東井　炎氣

六月之異名

林鐘　季夏　風温　景短

三夏　中伏　鶉首　水无月

七月之異名

金弟　陵脊月　大差　流大

大蔟　後伏　夷則　孟秋

初秋　首秋　初商　雅金早

八月之異名

南呂　仲秋　仲商　迎寒

雁來　白露　仲月　葉落月

九月之異名

玄月　無射　菊月

毌月

季秋　莫秋　金商　霜降

杪秋　季商　杪商　長夜月

十月之異名

良月　玄冬　應鐘　上冬
陽月　閉寒　季冬　小春
无魚　古月　神無月
十一月之異名
黄鐘　仲高　冬至　仲冬

子月　冬〻中　霜降月

十二月之異名

急景　大呂　季冬〻　窮臘

暮冬〻　大蜡　臘月　朴冬〻

暁冬〻　彫惆年　窮陰　師馳月

家之異名

蝸尾《ワヒ》　琴《キム》屋《シク》　石《セキ》屋《シク》　茆《ハウ》屋《シク》

墨之異名

紫泥《シテイ》　臨池《リムチ》　染池《セチ》　玉夢《キヨクム》

上黨《タウ》　魚胞　竜劑《リウサイ》　玉石《キヨクセキ》

青松　油《ユ》烟《エン》

筆之異名　笔《フデ》毫　翰　試筆《シヒツ》

右筆《ユウヒツ》　角筆《カクヒツ》

兎毛　兎毫　兎穎　述意

成切　紫毫　毛錐　雀穎

春月　春木　虫桂　竜文

五色　翠羽　楊葉
硯之異名　甓《スリ》　氷滴《月》器　筆臺《ヒチダイ》
尸庭　懸金　鴝鵒　鳥石
馬蹄　貫花　筆海　魚背石
龜首　石穴　樂石　長河

銀漆　玉渊　石瓦　黒渊

金井　黄玉　半桯　紅絲

紙之異名

厚紙《コウシ》　薄様《ウスヤウ》　檀紙《タンシ》

扇ゝ生紙《スヽシノカミ》　表紙《ヘウシ》　標紙《ヘウシ》

白麻《ハクマ》　白雲《ハクウン》　楮葉《チヨエウ》　木膚《モクフ》

高文《カラフミ》　染翰《センカン》　魚網《ギヨマウ》　如破《ヨヒキヽ》皮《ヒヽ》

蔡倫　紅《コウ》牋《セン》　緑《リヨク》紅《コウ》　方絮

藤《トウ》皮《ヒ》　蒹《チン》綢《テウ》

飮之墨君

白雲　紅霞　長命　延命

金花

酒之異名

松醪 魯薄 真珠 竹葉

浮蟻 春子 烏祈 新信

落桑 緑茂 桃傳 蘭生

桃《タウ》花《ラウ》

雨之異名

滂泡《ハウ〳〵》　雨師《ウシ》　跳珠　雨脚《ウキヤク》

霜呉　春女　天華　雨花

白水《ハツヤ》

雪之異名

玉英　玉雨　楊花　菊蔔

灯之異名

金蓮　燭同　烛奴　玉虫

短檠　青灯　録烛　銀虫

香炉之異名

博山　金鴨　鸗毛

茶之異名

碧粉　緑花　欲仙　醒酔

破昏　陸泉　青雷　春暖

七仙　春露　春莫　留容

暮乞

雀舌　雨前　腋風　建眼
春味　鷹爪　碧雲　建溪
書箱之異名
青編　黄巻　畫名　傳神
丹青

鏡之異名

菱花　清明　軒轅底

扇之異名

紈素《ソ》　便面　團雲　仁風

蒲葵　玉明　五明　團霜

杦之異名

冊瑚　媒蝶　宿夢　傕夢

桂 桂 杖之異名

榔栗　烱藤　紫栗　七尋

木上人　伕丈 杖々

馬之異名

馬丁 一歳 駒

駣《テウ》 四歳 駒

駓《ヒウ》 八歳 駒也

代安 汗血 追風 緑耳

駿足 欵超 竜蹄 逐日

駿骨 蟷蜋《シヤウラウ》 アシハリノ名ナリ

驊驒《ラウリン》 吉馬名也

蒼竜《サウリウ》 吉馬之名也

牛之異名

犙 三歳 牛

牭 四歳 牛

牨 水牛

任重　聲東　畊力　蠒栗

兎之異名

明視　欽辱

猫之異名

家貴　花奴

雞之異名
五悪　光鳴　光睦　啓閉
靏之異名
黄鳥　仙客《カク》　昭仙　皐禽
鶯之異名

金花　子柳　拔子　花君

一

雁之異名

鴻雁　蘆一ノ　賓一ノ　孤一ノ

燕之異名

玄鳥　泥燕　暮燕　梁燕

海燕　郭公之異名　三《ミ》月《ツキ》鳥《トリ》ト云

蟬之異名

齊女　秋蟬　蟬魚 蛄　一　魚蛄

池鮮　金鱗　卧鉤　水枝花

大遊　梅遊　且渇　餃雪

花魁　玉車　肌　請友　請〻

傾竹　氷雪　玉蘂　氷花

額魚　孤山

松之異名　—

大夫　霜鬟　集〻　真《ミ》槡《サウ》　徹霜

竜《リウ》柀《ヒ》枝　蒼《サウ》官《クワン》　青《セイ》牛《コ》　鹿《ロク》尾《ヒ》

祖《リ》木《ホク》

橘之異名

盧《ロ》橘《キチ》　林《リン》鈴《レイ》　金《キム》鈴《レイ》

枇《ヒ》杷《ワ》之異名

木奴 冬霜 霜飽 羊黄、

柘榴之異名

天漿 枝景《フケイ》 火谷《コク》 灵雪《リヤウセツ》

柳之異名 一

青陽 金絲 白綿 飛絮

三眼　賊也

瓜之異名

東陵　君平　冷水　甘露

白黄　五色

夢之異名

槐《キャ》宮《キウ》夢《ム》　黄粱夢　益州夢

紅淹《コウイヱ》夢《文七》

銭異名

輪《リン》寶《ホウ》　金《キム》文《モン》　井《イ》輪《リン》　家《カ》壬《チク》

我《ガ》眼《カン》　鯨《ケイ》文《モン》　青《セイ》鳥《フ》　荷《カ》葉《エフ》

支干之異名

寅歳　攝提格

卯歳　單《セン》閼《ア》エツヒ

辰歳　執除

巳歳　大荒落

午歳　敦牂　牂乙　祥乙

未歳　協洽

申歳　涒《トン》灘《タン》　ナノ乱

酉歳　作噩

戌歳　閹茂

亥歳　大淵献
子歳　困敦
丑歳　赤奮若
時之異名
寅時　平旦　卯時　日出

辰時　食時　巳時　禺中
午時　日南　未時　日昳
申時　　　　酉時　日入
戌時　黄昏　穿燭　一
亥時　人定　子時　夜半

丑時　雞鳴

子《シ》丑《チウ》寅《イン》卯《ハウ》辰《シン》巳《シ》午《コ》未《ヒ》申《シン》酉《イス》戌《シユ》亥《カイ》

甲《カフ》乙《シツ》丙《ヘウ》丁《チウ》戊《ム》己《コ》庚《カウ》辛《シン》壬《シン》癸《キ》

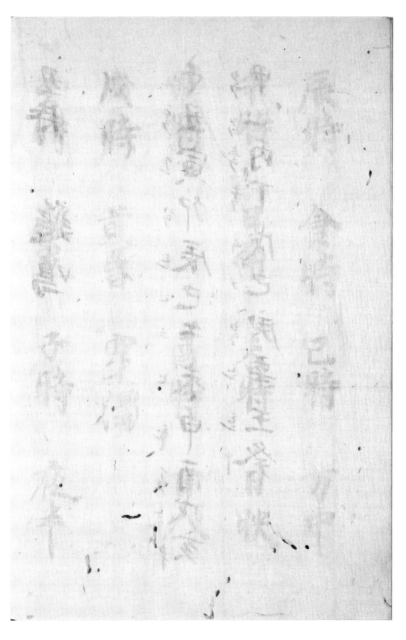

并名字盡

足利《アシカヽ》　仁科《ニシナ》　万樹《ヨロキ》　我孫《アヒコ》

的《イクハ》　錦織《ニシコヲリ》　錦古利《同。》　錦文《同ヽ》　綿乞

設楽《シタラ》　斯波《シハ》　三宅《ミアケ》　畑《ハタ》

阿刀《アト》　波々泊部《ハウカヘ》　猪名部《イナヘ》

伊福《イフク》　額田《ヌカタ》　鴨田《ミキタ》　蜂田《ハツタ》

工《タクミ》　益田《マスタ》　這田《ハウタ》　窪田

三枝《サイクサ》　高階《タカハシ》　身人部《ミトヘ》　馨田《コシタ》

度《ワタライ》　槻本《ツキモト》　日前《ヒノマヘ》　榎南《エナミ》

安曇《アツミ》　天生《ミウ》　隅田《スタ》　六人部

墳閣《ハニツカ》　石生《イシフ》　殿野《トノ》　安宅《アタカ》

服《ハトリ》　飯尾《イノヲ》　小長谷《ヲワセ》　志多良《シタラ》

安孫留《アクル》　津輕《ツカル》　安達《アタチ》　饗食《アイハ》

結城《ユフキ》　五百木《イツキ》　印南埜《イナノ》　小幡《ヲハタ》

蘭科《ハラシナ》　藍香《アイカ》　海埜《ウミノ》　秦埜《ハタノ》

波多埜《ハタノ》　飛鳥井《アスカイ》　渋谷《シフヤ》　糟谷《カスヤ》

熊谷《クマカヘ》　八清水《ヤシミツ》　佐々木《サヽキ》　安西《アンサイ》

足立《アタチ》　奈須《ナス》　植田《ウヱタ》　墨俣《スノマタ》

宇佐美《ウサミ》　多々良《タヽラ》　雜賀《サイカ》　秩父《チヽフ》

土肥《トイ》　香久山《カクヤマ》　大河戸《オフカヘ》　北條《ホウテウ》

伊達《イテ》　臼杵《ウスイ》　仙波《センハ》　比企《ヒキ》　新河《ニイカワ》

品河《シナカワ》　碓氷《ウ》　兒玉《コタマ》　渡柳《ワタリヤナキ》　藍澤《アイサワ》

榛谷《ハンカヤ》　豊島《トシマ》　久下《クケ》　柏木《カシワキ》　那波《ナワ》

安麻《アサマ》　椎名《シイナ》　吉香《キツカワ》　江美《エミ》　門真《カトマ》

畐野《トミノ》
畐田《トミタ》
九星《クノリ》
入間《イルマ》

委《ミトム》
伊佐《イサ》
靹田《トモタ》
伴野《トモ》

長暇《ナラヨ》
丁《ヨウロ》
五十嵐《イカラシ》
夾伴《ツフトモ》

毛人《エソ》
逸見《ヘミ》
楢崎《ナラサキ》
真下《マシモ》

敦賀《ツルカ》
艶坂《ケワイサカ》
河俣《カワマタ》
江俣《エハタ》

足羽《アスワ》　私市《キサイチ》　阿黒《アクロ》　真田《サナタ》
酒匂《サカワ》　鼠《ネシス》　白河《シラカワ》　西木戸《ニシキト》
三道《ツノサテリ》　宮城《ミヤキ》　斑目《フチメ》　六万ア
益尾《ナズシ》　久慈《クシ》　元吉《モトヨシ》　亜畔《アクロ》
信夫《シノムフ》

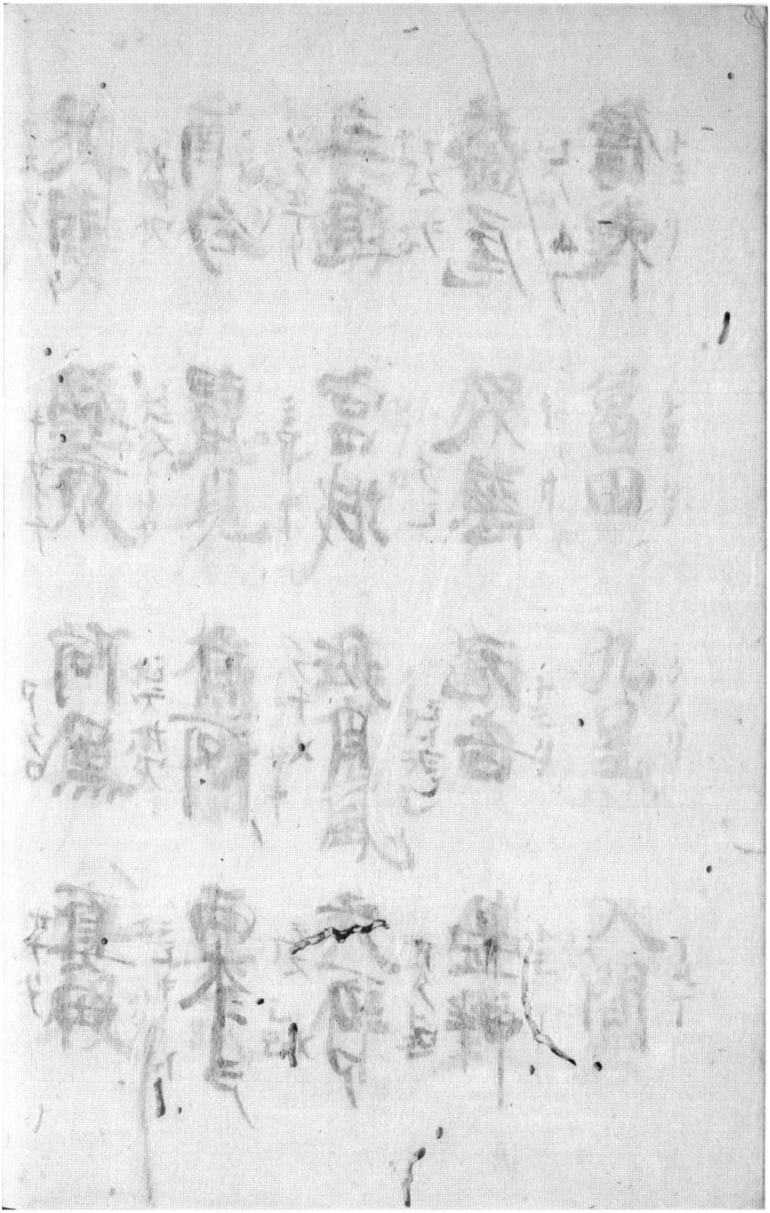

武衛《フエイ》

典厩《テンキウ》

御曹司《ヲンサウシ》

四方四角之部

東《ヒンカシ》　震同　南《ミナミ》　離同　西《ニシ》　兌同

北《キタ》　坎同　巽同《タツミヒ》　坤《ヒツシサル》　乾《イヌイ》　艮《ウシトラ》

隅《スミ》　艮變天　巽陽天　坤朱天　乾幽天

親類之部

父《チヽ》　母《ハヽ》　嬭《チヽ》　孃《ハヽ》　長良居《ナカライ》

娘《ムスメ》　妯娌《アイヨメ》　婭《アイムコ》　伯父《ヲチ》　伯母《ヲハ》

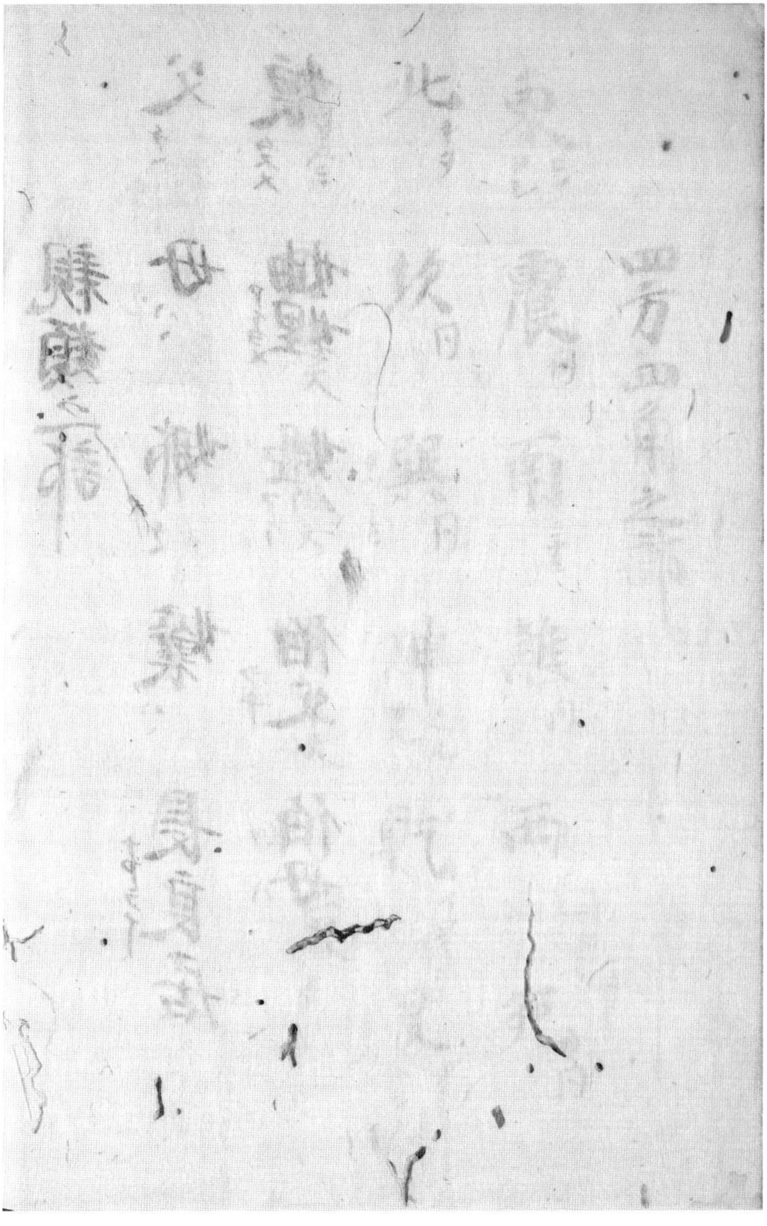

諸職之部

紙漉《カミスキ》 唐紙師《カラカミシ》 塗師《ヌツシ》 蒔畫師《ニキエシ》

京町之部

一條　正親町《シヽキ》　土御門《ツチミカト》　鷹司《タカツカサ》　近衛《コノヱ》　勘解由小路《カテノコウチ》

中御門《ナカノミカト》　春日《カスカ》　大炊御門《シヽイノミカト》　冷泉《レンせイ》

二條　押《ヲシ》小路《コウチ》　三条坊門　姉《アネ》小路

三條　六角《ロクカク》　四条坊門　錦《ニヽキ》小路

四條　綾《アヤ》小路　五条坊門　高辻《タカツヽ》

五條　樋口《ヒクチ》　六条坊門　楊梅

六條　佐目牛《サメウシ》　七条坊門　北小路《キタ》

七條　塩小路《シホノ》　八条坊門　梅小路

八條　針小路《ハリノ》　唐橋《カラハシ》　信乃小路

九條　已上南北三十八町

朱雀《シユシヤク》　坊城《ハウシヤウ》　壬生《ミフ》　櫛笥《クシケ》　大宮《オヽミヤ》　猪熊《イノクマ》

堀川《ホリカハ》　油《アフラノ》小路　西洞院《ニシノトウイン》　町《マチ》　室町《ムロマチ》　烏丸《カラスマル》
東洞院《ヒカシノトウイン》　高倉《タカクラ》　万里小路《マテノ》　富《トミ》小路
京極《キヤウコク》　朱雀《シユシヤク》
已上東西十八町也
但以大内為中央　東京分也
延徳参年　菊月七日書傳之劫紙了　[illegible]

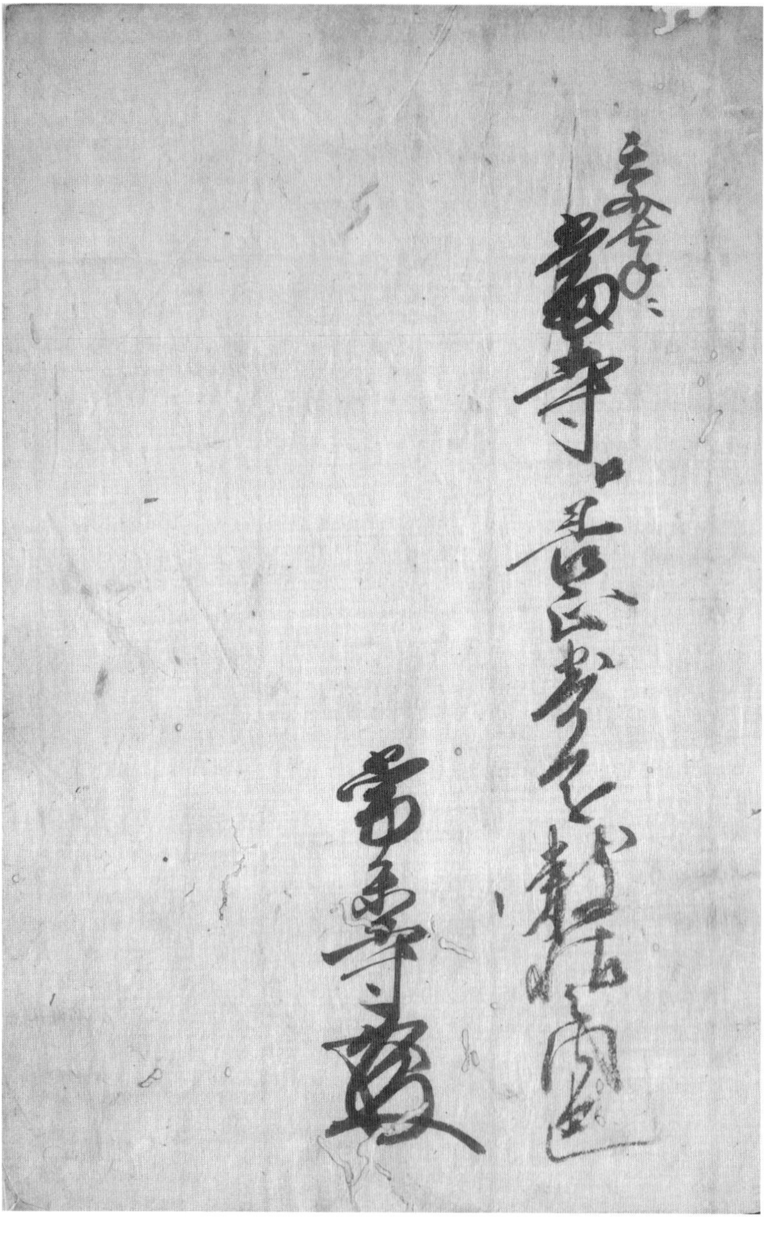

異名盡　裏表紙

名目抄

名目抄　表表紙

021
384
1

4985
12. 2. 9

名目鈔

東山左府實凞公撰

夫於我朝稱名目多不當音訓又相交清濁故不叶
傳輙不可呼之無口傳而呼之必失法自古至今家
々說々雖區分能學之深思之非無一義矣將相合
于悉曇之理
俗皆以爲悉曇者眞言家之所要凡塵
常可用之而已然儒釋兩道眞俗二
門上下述義男女交語非悉曇者豈通其理非乎如
鳥菟之成謳歌雖未必弁宮商皆有自所倫音律俗
言之合悉曇之理又如斯矣智者弁之愚者不弁或
之耳寧以不弁謂不用乎太頑愚之至也
有連聲之相呼或有五音相通故雖不當韻聲意味
尤深矣爰世不嘗之撰畢乖音義以失名目之法唯
要當切韻以爲肝心之理誠是可謂不知道之術討
誰訝之也余自少恐之意不淺矣遂註淺近之事爲

漫誡後生之可畏、拯以荒凉者乎、但我末葉及仍雲
孫、當世所學之故實、猶失墜而不傳之、累祖之大知
親、隔其訓、暗然盡悔先非乎、抑依聲其篇目太以抵
梧、能習得以常可口誦、不口誦、適雖學其説莫敢易
言矣、如聞他郷之語矣、余閑暇之餘、只述寸心之機
臆、不携一軸之文、簿故不及九牛之一毛、后生之君
子、必改正、宜補闕焉、

恒例諸公事篇 付神事佛事

○小朝拜《コテウハイ》 後生小《コ》字小《サフ》ト可讀《コトシ》恐テ注之

元三《クワムサム》 後生以三家可令清欤故注之

御弓奏《オムタラシノソウ》

太元師法《タイゲンノホフ》 元不讀師字例也

男踏哥《シトコタフカ》 シタフカト云人アリ定一義欤 家説之上源氏物語ニモシトコト見之

手番《テツカヒ》

射遺《イノコシ》

内宴《ナヒエン》

吉書奏《キツシヨノソウ》

○本
○列見《レツケム》

元日宴《クワンニチノエン》 今世以僧為師、愛僧云、元日、故為誡之注之

視告朔《コクサク》 視字不讀之例也 正七三ケ月朔有之

御齋會《ゴサイヱ》

女王祿《ワウロク》 不讀女字例也

御薪《ミカマキ》

射禮《ジヤライ》

賭弓《ノリユミ》

政始《マツリコトハジメ》

獻《ケンス》胙《ソシ》 尺奠之明日有此事

季御《キノミ》讀經《トツキヤウ》

曲水宴《コクスイノエム》
擬階奏《キカイノソウ》
警固《ケイコ》
三枝祭《サイクサマツリ》 謂率川祭
眞手結《マテツカヒ》
著駄政《チヤクダノマツリコト》
醴酒《ヒトヨサケ》
鎮火祭《ヒシツメノマツリ》
施米《セマイ》
織女祭《タナハタマツリ》
相撲召仰《スマイノメシヲホセ》

鎮花祭《ハナシツメノマツリ》
灌佛《クワンブツ》
解陣《ケチン》
荒手結《アラテツカヒ》
賑給《シムコウ》 或説キフ歟
忌火御飯《イムヒノゴハム》
御躰御卜《ゴタイノミウラ》
節折《ヨヲリ》
乞巧奠《キカウテム》 今世僧云キツカウテム、不足言ゝゝ
盂蘭盆供《ウラムホム》 不讀供字例也
相撲節《スマイノセチ》

本　本

相撲召合《ノメシアハセ》
仁王會《ニンワウエ》
小《コ》孝《カウ》定《チヤウ》 ミシナウトモ讀云也 是連声也 是ハ非逆ニ
䠒場始《ユハハシメ》
相嘗祭《アヒムヘノマツリ》
率川祭《イサヤカハノ》
園并韓神祭《ソノナラヒカラカミノ》
御前試《コセンノコヽロミ》 帳臺試
新嘗會《ニイナメノマツリ》
御佛名《シフツミヤウ》

相撲抜出《ノヌキテ》
定《カウ》考《チヤウ》 逆ニ讀ゝ例也
不堪奏《フカムテンノソウ》 本無田字
朔旦冬至《サクタンノトウシ》
當麻祭
當宗《マサムネノ》祭
鎮魂《タマシツメノ》祭 チンコンノ
童女《ワラワ》御《コ》覧《ラン》
荷前《ノサキ》
道饗《ミチアヘノ》祭

同臨時篇

譲《ジヤウ》位《ヰ》 又遜《ソン》位《ヰ》 有節會

践《セン》祚《ソ》 不譲位之時 有此号歟

御《コ》禊《ケイ》 有行幸河原 是大甞會之禊也

御《コ》書《シヨ》始《ハシメ》

御《コ》著《チヤツ》袴《コ》

行《キヤウ》幸《カウ》

脱《タツ》屣《シ》

小《コ》除《チ》目《モク》 或云臨時――

直物《ナヲモノ》

評《ヒヤウ》定《ヂヤウ》 於御前有之

受《シユ》禅《セン》 無別義有譲位者則 有此称矣

即《シヨク》位《ヰ》

大《タイ》甞《ジヤウ》會《ヱ》 以上謂三ケ之重事

御《シ》元《ケン》服《フク》 親王 春宮 天皇 皆依代相替不一順也

入《ジユ》内《ダイ》

行《キヤウ》啓《ケイ》 謂春宮、皇宮等御出也

御《コ》幸《カウ》 晴《ハレノ》御―― 褻《ケ》御――

臨時叙位

仗《チヤウ》議《ギ》 於陣有之

僉《セン》義《ギ》 於殿上有之

召仰《メシオホセ》 此事亘于諸事有之行幸之時召ー諸司大臣初任兼宣旨謂之召ー 任大臣節會日召ー諸司 叙位除目事一大臣於里第或陣召ー両局

立《リツ》后《コウノ》節會

遺《イ》詔奏

固《コ》關《ケン》 有天下吉凶之事時固三関 不破 會坂 鈴鹿 此時又有警固 載右ハ加茂祭恒例儀也

薨奏《コウソウ》 攝関 大臣

流《ル》罪《サイ》 有宣下先進勘文 流形 刑也 流人 大畧其国々有法乎

廢朝《ハイテウ》

御産《コサム》

恩詔《オムセウ》

任《シ》大臣節會

遺《イ》令《リヤウノ》奏

開《カイ》關《ケン》 固開有日數 開之儀也

燒亡奏 廷尉列参于内裏 付蔵人奏 配所 遠流 中流 近流 依有國遠近 罪軽重

廢務《ハイム》

改元《カイゲム》

院《ヰム》号《ヤウノ》定《サダメ》

條事定《テウジノサダメ》

○私儀篇

拜賀《ハイガ》

着陣《チヤクヂン》

大饗《タイキヤウ》

上表《ジヤウヘウ》　大將大臣等辭退之状ヲ獻スルヲ云也

昇殿《シヨウデン》

奏《ソウス》慶《ケイシ》　當世ソウケイト云フ名目出來更不知故實可尋事也

着座《チヤクザ》

嫁娶《カシユ》　着袴元服之詞見上畧之

勅授《チヨクジユ》

還昇《ゲンジヨ》　本音ハシヨウ也、而名目ハジヨ、又濁也

○諸公事言説篇　付私儀

○禄《ロツ》法《ホウ》

禄《ロク》所《シヨ》

論《ロム》匠《シヤウ》

録《ロク》事《シ》　大饗食必有之

拜《ハイ》舞《ム》　舞踏同事也

拜《ハイ》叙《シヨ》　位ニ叙スルヲ云也

早《ハヤ》練《ネリ》

任《シン》官《クワム》

任《シン》限《ケン》

任《シン》所《シヨ》

禄《ロク》物《モツ》

論《ロム》奏《ソウ》

論《ロム》義《ギ》

拜《ハイ》揖《ユウ》

拜《ハイ》任《ジン》

拜官　官ニ任スルヲ云也

番《バム》奏《ソウ》

任《シン》叙《ジヨ》

任《シン》中《チウ》

任《シン》月《ゲツ》

入唐《ニツタウ》

入室《ニツシツ》

入寺《ニフシ》

最手《ホツテ》　相撲節有之歟

法令《ホフリヤウ》

本座《ホムサ》　納言参議辞退職之後有此宣下、近来大臣前職之後有此宣、往昔ハ當職大臣乱位列前官上臈上、余辞職之後遂不参此宣、又無列下事

平伏《ヘイフク》　古記云平臥同事也、伏臥共フスノ訓有之故也

度者《トシヤ》　度縁

勅問《チヨクモン》

勅勘《本ニチヨクカン》

勅言

入棺《ニツクワム》

入壇《ニフダン》

入堂《ニフダウ》

法曹《ホツサウ》

法意《ホウイ》

表奏《ヘウソウ》

同心《トウシム》　當世人ニムシ清メテ云フ故注之

勅答《チヨクタフ》

勅旨《チヨクシ》

除籍《ヂヨシヤク》

綸言《リムケン》

令外《リヤウケ》

理髪《リハツ》

恩叙《シムシヨ》

勘下《カンカヘクタス》　除目申文　下外記

改名《カイミヤウ》

改尸《カイシ》

亀居《カメヰ》　叙位除目時　之此事

夜居《ヨヰ》　護持僧候二間加持

荅拝《タツハイ》　尊者来家拝之時　降逢共拝ソ云也

探韻《タムイム》　同上

綸旨《リンシ》　文ノ部ニモ可入欤

流例《リウレイ》

留守《ルス》　行幸時　有此事

贈物《シクリモノ》　雑物ノ部ニモ可入欤

勘上《カンカヘアソ》　同文外記　返進

改姓《カイシヤウ》

行舞《カタマイ》　本社行幸時有之凡不限　本社神社行幸有此事欤

加冠《カクワム》

探題《タンタイ》　内宴重陽宴等時取　作文題事欤　天台宗有此名目其義　太相違

練《レム》歩《ホ》

連《レム》署《シヨ》

楚《ソ》々《ソ》 鮮ナル衣服ヲ云フ 見毛詩 常在記六

奏《ソウ》達《タツ》

贈《ソウ》位《井》

葛《ツヽラ》折《オリ》 御幸ノ時 馬打ノ様

續《ツキ》杓 ノ

練《子リ》 節會内弁以下ノ作法

内覧《ラム》

南《ナム》曹《サウ》

乱《ラン》階《カイ》

列《レツ》拝《ハイ》

列《レツ》立《リツ》

奏《ソウ》事《ジ》

贈《ソウ》官《クワム》

贈《ソウ》号《ガウ》

追《ツイ》號《ガウ》

直《ナフ》會《ライ》

勞《ラウ》 府勞 策勞

臈《ラツ》次《シ》

乗《ノリ》尻《ジリ》

公《ク》文《モン》　就任國有此事

国《ク》栖《ス》

管《クワン》國《コク》　西海道ニ云歟

驛《ヤ》家《ケ》

任請　仮請同

現《ケン》任

還《ケム》任《ニム》

警《ケイ》衛《エイ》

撿《ケム》校《ケウ》　可入人類歟

能《ノウ》冠《クワン》

口《ク》宣《セン》

課《クワ》試《シ》　ハ丨及第　儒業也

還《クワン》昇《シヨウ》　常音ハシヨウ也　シヨウ名目也又上ニ引ニテ濁也

參《マウ》来《コ》

兼《ケム》任《ニム》

兼《ケム》帯《タイ》

警《ケイ》蹕《ヒツ》

謙《ケム》退《タイ》

磬折《ケイセツ》 磬欽如何

撿納《ケムナフ》

凶事《ケウこ》

逆退《ケキタイ》

敷奏《フソウ》

復任《フクニン》

絧練《コヤリ》 内弁練歩ノ事 一説ヽヽヽ

比《コロシイ》

垣下座《エムカノサ》 云地下座也

出居《テ井》

任例《アトノこ》

磬屈《ケイクツ》 ハ折同事也 磬欽

慶賀《ケイカ》

見證《ケンショ》 常音ショウ也、伝名目ショ也又上ニ引テ濁也

勸盃《ケンハイ》

敷政《フセイ》 或布

覆勘《フクカン》

寵様《ヤウ》

調度《テウト》

左《サ》右《ユウ》左《サ》

箕《キ》策裘《キウ》 ハノ業、学文業事也

飴《キウ》料《レウ》 儒業

揖《ユウ》讓《シヤウ》

召《メシ》聲《コエ》

未《ミ》公《ク》文《モン》

尚《シヤウ》齒《シ》會《クワイ》 七叟作文也

宛《シ》所《トコロ》

室《シツ》礼《ライ》

誦《シユ》經《キヤウ》

爵《シヤク》 凡諸位ノ惣号也、但文初日本ニハ叙五位ノ時シ謂叙爵法也

雜《サツ》訴《ソ》

議《キ》奏《ソウ》

及《キウ》第《タイ》 同

揖《ユウ》 イツレテ、依所有義有之　揖欤

未《ミ》施《シ》行《キヤウ》

宛《シ》付《ツケ》

膝《シツ》行《カウ》

成《シヤウ》業《コフ》

策《シヤク》労《ラウ》

宴《エム》座《サ》

非《ヒ》成《ジヤウ》業《ゴウ》

前《ゼム》行《ギヤウ》

前《セン》祖《ジヨ》

常音ハソナリ、然而ジヨハ名目也上ニ引レテ濁也

世《セイ》務《ム》

宣《セム》下《ゲ》

臨時公事篇ニモ可入歟

一《イチ》揖《ウ》

一行《キヤウ》

一級《イチキウ》

一院《イチヰム》

院数ケ所御ゝ時者一ノ院ト申也、

宴《エム》穏《シムノ》座《サ》

評《ヒヤウ》定《チヤウ》

先《セム》蹤《ジヨ》

正音ハジヨウ也 然而ジヨハ名目也

聖《セイ》断《タン》

宣《セム》旨《シ》

文ノ部ニモ可入也

本昇《セウ》殿《テン》

一列《イツレツ》

一拝《ハイ》

一品《ホム》

親王最結句ニ叙スル位也、臣ノ位ニ又一品ト云也、仁和寺宮ノ外、親王不可叙ノ由先所被定也、然而竟仁親王州法院以別義被叙畢、

一員《イチイム》 於近衛府者、将監、将曹、府生是也、於外衛者、尉、志、府生是也各其府々
長官晴日具之判官已具之欤可勘之雖可加人体篇加之
大臣大将之時加随身也

二品《ニホム》 親王叙之
臣ノ位ニ二位ヲ一ト云

三公《サムコウ》 大政大臣
左右大臣

三會《サムヱ》 天台法華會 興福寺維摩會
法勝寺大乗會

三局史生《サムキヨクノシヤウ》 外記局 左右弁官
或内記外記弁官右左混之

四世無位《シセムヰ》

四品《シホム》 王臣位
同二品ホ

五音《コイン》 宮 商 角 徴 羽

五紙礼《コシライ》 上表文有此事

六府《ロツフ》 左右近衛 左右衛門
左右兵衛

七聲《シツシヤウ》 五音ニ變羽變商ノ
二音ヲ加ナリ

三席《サムセキ》 詩 哥 楽

三品《ホム》 王臣位
同二品

三關 會坂 鈴鹿
不破 固関之時此三関也

四道儒 紀傳 明経
明法 竿

五品 王臣共
或五位也

六義《ロクキ》 風 賦 比 興 雅 頌
詩哥共ニ之

七叟《シツソウ》 尚齒會

八音《ハツイン》金石絲竹
匏土革木
ハチント可云是連声也

八卦《ハツケ》
九
十
百澤王《ハクタクワウ》　鬼間圖也
千
万機政《ハンキノマツリコト》
億

○禁中所々名篇　殿舎門戸等名目別有之仍畧而不注
其内少々載之矣

○南殿　紫宸殿

○御粧物所《シヨソノモノトコロ》　定無其所節會日北庇ニ假ニ立
御屏風及御倚子所着御靴也

賢聖障子《ケムシヤウノシヤウジ》

龍圖《レウト》　已上在晝
在御後戸

西階《サイカイ》

軒廊《コムラウ》

○御殿《コテン》　清涼殿
又中《チウ》殿

○夜御殿《ヨルノオトヽ》　カヒトモニ

晝御座《ヒノコサ》　在庇

臺盤所《タイハンドコロ》

龜書

南階

東階

二間《フタマ》　有觀音夜居僧
加持所也

天台座主
寺長吏
東寺長者

朝干飯《アサカレイ》

鬼間《ヲニノ》

母屋《モヤ》
孫庇《マムヒセシ》　或又庇、以上於三ヶ事者不限此殿雖何殿有之其稱但南殿号孫庇歟。
石灰壇《イシハイノダム》。
上戸《ヤミノト》
棹間《セホノマ》
沓脱　云同門外
侍《セフライ》

○殿舎中　サヒ、
○中重《ナカノヘ》
小安殿《コアトノ》

庇《ヒセシ》
鳴《ナル》板《イタ》
殿上《テンシヤウ》
下戸《シモノト》
小板敷《コイタシキ》　云神仙門中
小庭《コニハ》
宇《ウ》津《ツ》保《ホ》柱《ハシラ》
賢所《カシコトコロ》　又内侍所　春興殿ハ本号也
後涼殿《コリヤウデン》。

議所《キノトコロ》 昔除目之時於此所仰莒文
有勧盃大自是進弓場列

假荘間《ケミヤウノマ》 在外記廳

小屋《コヤ》 以上同

○人躰篇 男女

国母《コクモ》

女院《ニヨウヰム》 常音ニヨ也
名目時引也

更衣《カウイ》

嬪《ヒム》

典侍《スケ》

命婦《ミヤウフ》

鳥曹司《トリノサウシ》

南所《ミナミトコロ》

馳道《チタウ》 在南庭

母后《ホコウ》

女御《ニヨウコ》

妃《ヒ》

尚侍

掌侍 内侍同

女《ニヨ》蔵人《クラフト》

采女《ウネヘ》　女公人之中花族者也
依勤陪膳

刀自《トシ》

水取《モヒトリ》

闈司《ヰシ》

尚薬《シヤウヤクノ》　元三御薬
命婦為其人

舞妓《マキ》

東竪子《アツマハラフ》　三子之孫葉歟
代々同名字也

一人《イチシン》

凡人《ハンシン》

女官《ニヨウクワン》　女公人之惣名也

得選《トクセン》

主殿司《トノモツカサ》　主殿寮女官也

女孺《ニヨシユ》　掃部寮女官也

薬童子《クスリノコ》　同時掌御薬者也用未
嫁者、年齢衣色不有勘文

舞姫《マイヒメ》

半物《ハシタモノ》

一人殿《イチノヒトトノ》

殿下《テムカ》
大閤《タイカウ》
一上《イチノカミ》
内弁《ナイヘン》
刀祢《トネ》　或侍従
上達部《カンタチメ》
弁官《ヘンクワム》
大舎人《オホトネリ》
輔代《フタイ》　或
史生《シシヤウ》
陣官《チンクワム》　或官人

花族《クワシヨク》
禅閤《セムカウ》
上卿《シヤウケイ》
外弁《ゲヘン》
大夫君達《アチキンタチ》
職事《シキシ》
傳奏《テムソウ》
内竪《ナイシユウ》
政官《シヤウクワン》
官掌《クワシヤウ》
小舎人《コトネリ》　トノ字ツトニ云ウニアルヘシ

御倉《ミクラ》
召使《メシツカイ》
後取《シムトリ》
啓陣《ケイヂン》
元三御薬除夜蔵人定其人
元日四位二日五位三日六位

庁頭《チヤウトウ》
侍医《シモトクスシ》
番長《ハンチヤウ》
啓将《ケイシヤウ》
元三御薬
参勤

○院中篇

○法皇《ホフワウ》
本院《ホンヰム》 ニムト可申也
新院《シムヰム》 是モニムト可有也連声
執事別当《シツジベツタウ》 或大別当大略大臣之所補也
○判官代《ハウクワンダイ》 五位
―庁官《チヤウクワン》 六位
上北面《シヤウホクメン》 諸大夫

上皇《シヤウクワウ》
中院《チウヰム》
院司《ヰムシ》 公卿――四位――大別当已下之総名也
年預《ネンヨ》 公卿及殿上人随器用仰之歟 預字ヨト可云也 連声也
○主典代《シユテンダイ》 庁補之

下北面《ケホクメン》 五位六位皆譜代侍
執権《シツケム》 公卿院司補之
御厩別当《ミマヤヘツタウ》 近代事也 西園寺代々補之 当流又補之
舎人《トネリ》

○文殿《フトノ》 御治世之時被置之 移記録所之儀
後《コ》院《ヰン》
御《コ》幸《カウ》 上皇不能左右、女院御出同之
院《ヰム》宣《セム》 万機諮詢時、毎事被下之
布衣始《ホウイハシメ》 太上皇尊號之後始令着烏帽子御シ云也

御随身《ミスイシン》 上臈六人 左右将曹左右官人 左右近衛三人是者左右番長 下北面之中器用譜代之儀也
所《シヨ》司《シ》 御車被仰之
案《アン》主《シユ》
居《ヰ》飼《カイ》
開闔《カイカウ》
臨《リン》幸《カウ》 御幸同事也
北面始《ホクメンハシメ》 上皇後始而被召置 被車シ云也

〇行啓《キヤウケイ》　春宮及四宮御出ﾉ云也

〇雑物篇　文書及衣服車馬具ゝ類各別附ゝ

〇御倚子《コイシ》

兼足《シヨウソク》　幼主時立御倚子前

几帳《キチヤウ》

置物机《シキモツツクヱ》　置式莒及剱璽

通障子《ツシヤウシ》

草墪《セウトン》　陪膳采女座

獨床子《ヒトリシヤウシ》　三位参議

令旨《リヤウシ》　同仰ﾉ云也并女院仰同ゝ又親王ゝゝ所命同云歟先規可勘

二色繳代《フタイロノセンタイ》

御帳帷《ミチヤウノカタヒラ》

壁代《カヘシロ》

大宋御屏風《タイソウノシヒヤウフ》

小臺盤《コタイハン》　両面帊《リヤウメンノシホイ》十ゝ切《キリ》　長《ナカ》ゝゝ

兀子《コツシ》

簀子敷床子《スノコシキノシヤウシ》　或号長床子歟　四位参木

蠻《公》繪《エ》毯《セン》代《タイ》　數公卿臺盤下

胡《コ》瓶《ヘイ》

版《ヘム》位《イ》　尋常　宣命　ミトこへ連声や

蘆《ロ》幣《ヘイ》

文《ブン》杖《チヤウ》　有黒白依文相替

覽《ラン》筥《ハコ》

厚《アツ》円《ヱン》座《サ》

繧《ウ》繝《ケン》

緑《ミトリ》端《ヘリ》

高《カウ》麗　本音りや　名目ライ

青《アヲ》瓷《シ》　多盛天子御食器や

胡《コ》床《シヤウ》

空《コウ》盞《サン》

標《ヘウ》

滕突《ツキ》　或載陣載之外　有所司載

文《フ》夾《サミ》

倚子　初任公卿着座之時撰吉日作之今立廳や

菅円座

两《リヤウ》面《メン》

黄《キ》端《ヘリ》

紫《ムラサキ》端《ヘリ》　大文小文共云や　世俗云赤端此事や

蓋《フタ》

擎子《ヒスヘ》
銚子《テウシ》　元三御薬時用也
下器《カツキリ》　旬時用之
日給簡《ニツキフノフタ》　宿居物袋《トノヰモノフクロ》
時簡《トキノフタ》
置物厨子《シキモノツシ》
玄上《ケエムシヤウ》　比巴
鬼《シニ》　箏
荒海障子《アラウミノ》

瓶子《ヘイシ》
衝重《ツイカサネ》　上下用之
窪器《クホツキ》
○印鎰《井ン》　落歟可入雜物之
日記唐櫃《ニツキノカラフト》
弾碁《タンキ》
笛筥《フエノハコ》
鈴鹿《スヽカ》　和琴
昆明池障子《コンメイチノシヤウシ》
馬形障子《ムマカタノ》

○衣服篇

○冠、常時束帯直衣及
厚額《アツヒタイ》 小忌ホ用之
薄額《ウス》
纓《エイ》 巻ー 武官信事用之 垂ー 常儀
玉冠《キヨツクワム》 礼服之時公卿用之 付餝緒、
武礼冠、
帛衣《ハクノキヌ》 天子神事時用之
礼服《ライフク》 大袖則是也
裳《モ》 䙓《ヒレ》 玉佩《キヨクハイ》
小忌《ヲミ》 又号青摺《アヲスリ》
日蔭糸《ヒカケノイト》 赤紐《アカヒモ》
位袍《井ハウ》 又号表衣《ウエノキヌ》 深紫 浅紫 深緋 浅緋 緑 黄云

緌《シイカケ》 或老懸
巾子《コシ》 放巾子元服時用之
冕旒《ヘンリウ》 天子十二ノ 諸侯已下減其数
黄櫨染《クワウロセム》
小袖《コソテ》 非尋常内衣事 大袖 小袖 一類之物也
肩充《カタアテ》 已上礼服具也 カタアタトよせり
直衣《ナフシ》 心葉《コヽロハ》 付冠纓 日蔭糸

狩衣《カリキヌ》 或布衣

浄衣《ジヤウエ》 神事時多用之

小直衣《コナヲシ》 或狩衣直衣、古者被聴後院中ホ着之

下襲《シタカサネ》 裾

單《ヒトエ》 又衵

半臂《ハムヒ》 束帯時畧襴 凡縫腋之 缺腋之時付襴 法也 公卿小忌時必然

表袴《ウヘノハカマ》 礼服 束帯 小忌皆用也

指貫《サシヌキ》 或奴袴

韈《シタウツ》 錦 礼服時用也 練貫上﨟及顕職之人用之 平絹下﨟及老者用之

慶賀笏《ケイガノシヤク》 奏慶時用之 往昔各別ニ用意欤

○有文巡方帯《ウモンジユンハウノヲビ》 節會行幸及慶賀之時着之

狩襖《カリアヲ》 随身ホ着之 舎人牛飼所用 又此事也 然而又号狩衣

水干《スイカン》 上下用之

半尻《ハンジリ》

衵《アコメ》 織物、束帯之時不用之、着付色、以續飯付鰭 織物以糸縫鰭 束帯之時紅打

衣《キヌ》 衣之外不用也

帷《カタビラ》 夏季号汗取赤、幼年日猶白、束帯時事也 冬季白、是皆直衣 狩衣時夏冬共白

下袴《シタノハカマ》 下結時用也

大口《オホクチ》 生平絹 幼年日白 長年紅 指貫時近日過差着精強大口

牙笏《ゲノシヤク》 礼服之時用之

無《ム》文《モム》巡方帯 天子之外不着之

有文丸鞆帯《ウモンマルトモノ》 無止事時用之

無文丸鞆帯 常用之

以上玉帯《コノノシヒ》 三位已上用之 四位参木又勿論

○爰清原業忠法師一流自五位外史着無文玉帯

其由諸欲尋聞之處無沙汰矣

馬悩帯《メナウノ》 丸鞆之外無巡方、非参木大弁已下四位之人上下用之、依無巡方、節會行幸日雖四位用犀角巡方之例也、

卌帯十具渡朝、仍臨時祭日、舞人十人之外不用之、當時似

物多出来、餘于本數、無謂事也

犀角帯《セイヤクノ》 巡方 丸鞆共有之、馬悩腕如之時、四位も着用之、不限巡方也

馬犀帯《ラセイノ》 六位用之

本 餝

○餝太刀《カザタチ》 節會及御禊行幸供奉、公卿臨時祭使ホ着之

蒔繪螺鈿《マキヱラテン》 ― 遠所行幸用之云々

木地螺鈿《キヂラテン》 尋常之行幸及無止事時用之

樋螺鈿《ヒラテン》 ― 蒔繪与螺鈿通用、最上之物云々

蒔《マキ》絵《エノ》細《ホソ》剱　常所用之物
剱文丸鞆帯必用之

蒔《マキ》絵《エノ》野剱《ダチ》　或号平鞘太刀　或号毛抜形太刀　或又号華緒　或用平緒
上下藝時公持之　又殿上人束帯時依事着之
或用華緒其間儀能可思慮也　又警固非常行幸之時衛府公卿
已下四五位直衣之冠剱束帯之以華緒用之　非武官者不可用之、
首書也
上皇藝御幸之時被入御車、

螺鈿野剱《ラデンノノ》　節會行幸之日次将用之　公卿不用之

沃懸地太刀《イカケチノ》　大理用之　蒔絵太刀巡欤

黒漆太刀《ヌリノ》　六位用之　有毛抜形

剱壮束ニ有紫華　又有藍華　或云黒華壮束未聞事也
甲曹之時ハ云黒華其華
之種姓同品欤勿論太刀之時藍華不能左右　又餝太刀壮束、
号赤漆《アカウルシ》是サル之ノ事也較　凡法世紫華壮束用紫緂平緒、藍華時用斑
五位已下加虎鞘事有之
地平緒故実也但不具之時非沙汰之限矣　又平鞘太刀壮束及
緒皆紫華有縫物、　抑金作太刀ハ大臣已上着之　銀作ハ納言
已下用之、

紫緂平緒　壮年用之　但老年依事用之

青緂《アシダン》平緒

斑地《ヨシチ》平緒

白地平緒　小忌之外不用之

棟《ハシ》緂《タン》平緒

○金《キム》魚《ノキヨ》袋《タイ》　三位已上用之、四位参末又勿論、不謂文武官、節會及御禊行幸日付之、臨時祭使又付之歟、

銀《キン》魚《ノキヨ》袋《タイ》　四位已下、殿上地下付之、節會付之、但次将上儀之時不付之、假令叙列等之儀是也、

○草《サウ》鞋《カイ》　天子着之、臣下不用之、但法中用之、

烏《クリ》皮《カハノ》沓《クツ》　礼服之時着之、

靴《クツ》　有靴氈《セン》　赤地、青地錦

半《ハウ》靴《クツ》　無氈、着下袴、乗馬時　公卿已下侍已上着之

○轡《クツハ》唐《カラ》草《クサ》　西園寺、徳大寺、當家　其外四條、山科着之歟

樗《アフチ》緂《タン》平緒

絲《シ》鞋《カイ》　幼主之時着之、又楽人、舞人着龍衣《カサ子》時着之、

浅《アサキ》履《クツ》《センリ》　政之時用之、

深《フカ》履《クツ》

踏《フン》懸《カケ》　楽人、舞人着龍衣之時用之、

輪《ワ》無《ナシ》　三條、花山着之、大炊モ宗尋着之歟　日野、勧修寺已下、地下皆着之

雲《タモ》立《タチ》涌《ワキ》 摂家大臣已後着之歟、上皇も令着給歟能可尋知、久我菱歟　當家藤鞆繪

臥《フセン》蝶《テフ》 冬直衣及同下重文也

窠《クワニ》霰《アラレ》 浮文表袴文是也

菖《ハコ》形《ヤツ》 非定文染装束之時多 下重之用之

濃《コキ》色《イロ》 廿五未満用之染色ハ染也　織物ハ経緯共ニ濃紫

半《ハシタ》色《イロ》 経緯共ニ薄紫

香《カウ》 就老若有浅深

赤《アカ》色《イロ》 経紫緯赤歟

比金《コシ》襖《アシ》

皆《カイ》練《ネリ》 同色也、但昔も彼衣色識者有迷事歟

・異文《イモン》 諸家大臣已後着之、家々説不同　西園 長子唐花　三条亀甲

大文《タイモン》 夏直衣及同半臂文也 織物指貫用之

小《コ》葵《アフヒ》 天子冬下襲、同直衣等文也、又臣下冬半臂同打衣文也、小童直衣等用之

單《ヒトヘ》菱《ヒシ》 單衣必用之

薄《ウス》色《イロ》 経紫緯白

花《ハナ》田《ダ》 浅《アサキ》木色也

薄《ウス》青《アヲ》 経青緯白

蒲《エ》萄《ヒ》染《ソメ》 経赤緯紫歟

火《ヒ》色《イロ》 下重色也

蘇《ス》芳《ワウ》 公卿已上夏下重色

二藍《フタヱ》《フタアイや》　四位已下夏下重色也
以上不盡其色世以混合一所用相違分せく注之

○喪服篇

○錫紵《シャクノチヨ》　天子喪服也
素服《ソフク》　サイミ　縑着之物也
軽服《キャウフク》
赤漆笏《アカヌリノ》　同上
亮闇《リヤウアム》　天子喪于父母時一天
着軽服止義服也
柑子色《カウシイロ》　亮闇月女房袴及表袴
裏此色歟単又同之但不分
明可勘決

或黒装束
黒服《コクフク》　直衣　狩衣　皆存之
俏布人々意巧各々
重服《チウフク》　父母夫主君
縄纓冠《ナハエイノ》　重喪之時着之
亮闇時天子外不用之
無文扇《ムモムノ》　表裏花田
不盡文
鈍
鈍色《ニフイロ》　花田染也　亮闇時直衣此色也
指貫勿論表袴表袍裏衆同之
大帷も同此色歟
○陰服《チヨフク》

○入棺《ニツクヽン》
前火《セキヒ》
喪場殿《セウハト》
歩障《ホシヤウ》　天子大行ノ時用ノ
黄幡《ワウハム》
御前僧《コセンソウ》　諸寺僧勤五旬法事ソムヤ

炬火《コクワ》
枕火《マクラヒ》
荒垣《アラカキ》
行障《ヤウシヤウ》　同上
本
橡《ツルハミ》　亮闇ノ時殿上人四位已下着ノ袍染色也従本官ノ役時不着必着位袍

○文書篇

這一鈔東山左府公之作抄也以自筆之
正本令書寫畢旨趣見序文矣但未全
備之条尤有其恨乎文書篇車馬具篇
ホ已脱欠矣以厥志之不終可謂後生之無
念也旹永正戊寅秋七月下候書

朱点正本無之今私加朱点畢
凡訓讀之字声ヲ指テ可分明歟
但不全備之間未及其儀歟

大府卿菅和長

斯抄之中有感悵之二字一祠字二談字也
古来記録書之誤也此云正本字而始書之歟
禰　祠也　談　菼淡皆用淡字非今談也但

衵字用来之間、衵字不可讀歟、何俾改之哉、即
分勘韻書字注、皆以不乖之際、尤珍重之、況
玉篇、衵字不見者也、若以日本讀、猶可用衵哉否、
皆字雖無履讀、世俗用来之例歟、但先賢以本
字此書改之条、有何異儀耶、

○衵

玉篇曰、女秩切、近身衣也、日日所着衣也、
廣韻曰、近身服、　左傳曰、衷《ウチニス》其衵服《シ》、注曰、衵服ハ近身《キ》衣也、
韻會曰、説文、日日所常衣、會意、又女人近身衣、
日本稱衵者、雖装束之下衣、猶為内衣、仍近身之衣叶其理也、

○緂

玉篇曰、他甘切、衣緂色鮮、
廣韻曰、色鮮、

日本稱平、諸物之色有種々名々条之綵色鮮曰淡又叶
其理也　或茫淡　青淡　櫻淡已下也　淡字更不得意也

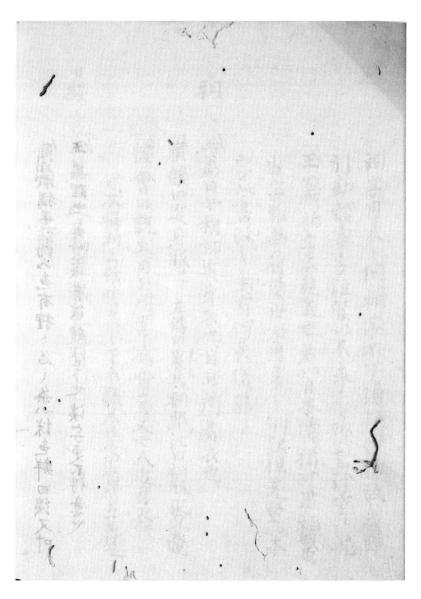

名目抄　裏表紙見返

名目抄 裏表紙

入唐《ニツタウ》

入室《ニツシツ》

入寺《ニツシ》

最手《ホツテ》
相撲節有之歟

法令《ホフリヤウ》

本座《ホムサ》
納言参議辞退職之後有此宣下、近来大臣前職之後有此宣、往昔ハ當職大臣乱位列前官上﨟上、余辞職之後遂不蒙此宣、又無列下事

平伏《ヘイフク》
古記云平臥同事也、伏臥共フスノ訓有之故也

度者《トシヤ》
度縁

勅問《チヨクモン》

勅勘《本ニチヨクカン》

勅言

入棺《ニツクワム》

入壇《ニフダン》

入堂《ニフダウ》

法曹《ホツサウ》

法意《ホウイ》

表奏《ヘウソウ》

同心《トウシム》
當世人ハ、シムヲ清メテ云フ故注之

勅答《チヨクタフ》

勅旨《チヨクシ》

除籍《ジヨジヤク》

同車　落歟
上ハ清下ハ濁也
或人上ハ濁下ハ清不可然歟
但家之説

綸言《リムケン》

令外《リヤウケ》

理髪《リハツ》

息叙《シムショ》

勘下《カンカヘクタス》
除目申文
下外記

改名《カイミヤウ》

改尸《カイシ》

亀居《カメ井》
叙位除目時
乏式事

夜居《ヨ井》
護持僧候二間加持

荅拝《タツハイ》
尊者来家拝之時
降逢共拝シ云也

探韻《タムイム》
同上

綸旨《リンシ》
文ノ部
但家之説 不知

流例《リウレイ》

留守《ルス》
行幸時
有此事

贈物《シクリモノ》
雑物ノ部ニモ可入歟

勘上《カンカヘアク》
同文外記
返進

改姓《カイシヤウ》

片舞《カタマイ》
両社行幸時有之凡不限
両社神社行幸有此事歟

加冠《カクワム》

探題《タンタイ》
内宴重陽宴ホ時取
作文題事歟
天台宗有此名目其義
太相違

解説

宇都宮啓吾
三宅えり
余田弘実

職原抄

（図書番号〇二一—三九四—一）

『職原抄』は、鎌倉時代後期から南北朝期の公卿北畠親房（一二九三〜一三五四）が、興国元年／暦応三年（一三四〇年）に常陸国小田城で、戦陣の間に東国武士の任官要求に対処するために執筆したとされる有職故実書で、本邦の官制の成立や沿革、補任や昇進の流れとそれに伴う儀式、各職に任ぜられる家格、個々の省・寮・司・職・所の職掌や唐名、官位相当等を漢文体で記している。

『職原抄』は、歴史学においては研究されているものの、国語学においては、その注釈書の類が抄物として研究対象となることはあっても、その本文自体が言語資料として取り扱われることは少ないように思われる。しかし、『職原抄』は、中世における故実書の代表的典籍として、従来数多くの注釈書が作られるほどに重視されてきたものである。また、諸本のうち、天文八年（一五三九）清原宣賢本系統の奥書において「依之不依假名使・如名目點之」とあるように、本文のみならず、そこに施された訓点に着目することで、所謂「故実読み」の資料として捉えることが可能であり、この点を以てしても言語資料として取り扱うことは可能であるように思われる。寧ろ、その点こそが従来の『職原抄』研究に欠けていた部分と言える。

また、諸本としては、親房の甥顕統《あきもと》が正平二年（一三四七）に書写した旨の奥書を有する系統本と、北畠教具旧蔵本に一条兼良が跋を加えたとする系統本の二種に大別され(1)、近世には、後陽成天皇による所謂「慶長勅版」の刊行が慶長四年（一五九九）にあり、また、同十三年には中原職忠《もとただ》（一五八〇〜一六六〇）の刊行によって、広く流布していくこととなるが、『職原抄』には数多くの写本や刊本が伝存する中にあって、その活字本は、群書類従本

と白山芳太郎『職原鈔の基礎的研究』[2]の校訂本文が主として用いられており、影印本は、近年、写本として国学院大学本、[3]刊本として前述の中原職忠刊行本が公刊されるものの、[4]未だ、『職原抄』諸本の全体を俯瞰するには至っていない現状にある。言わば、訓点までをも含めた分析に足る資料公刊の乏しさは、大きな問題と云わざるを得ない。

それが、この度、龍谷大学図書館に所蔵される写本（以下、龍谷大学本）を公刊する所以である。

まず、龍谷大学本の書誌的事項について確認する。

外　題　「職原抄」（左上原装書題簽）
内　題　「職原抄《シヨクゲンシヨウ》」（第一紙一行目冒頭）
書写時期　天正十九年（一五九一）から十七世紀初期頃（後述）
冊　数　一冊（上下巻合冊）
装　訂　四目袋綴装
表　紙　藍色表紙
法　量　（表紙）二七・五×二一・九センチ
　　　　（界高）二三・一センチ　（界幅）一・九センチ
　　　　（丁数）八八丁　（一面）九行
料　紙　楮紙
本　文　漢文体（訓点・注記等あり）

奥　書　（後述）

印　記　「龍谷大学図書館」

「4994　昭12.2.9」（納入時期を示す）

次に、識語・奥書について見ていくこととしたい。龍谷大学本における識語・奥書の類は、以下の三種が冊末に連続する形で存する。

[①]此抄上下巻・以愚慮一字不闕点之．同差聲説．是今[全]非爲他[他人]．爲覺子／孫童蒙也．依之不依假名使．如名目點之．是敎下愚一之術也、勿[勿生]後嘲矣　天文八年二月吉曜日　清三位入道宗尤御判

[②]右抄環翠老人爲覺童蒙．一字不缺・以假名加點．之[見之]其嚴／如陸德明作音義．其勤如郭景純註[注]尒雅．非啻擊童子／之蒙．宜令解老生之惑．唯恨名目故實．或稱庭訓．或稱家／説．有尒爲尒我爲我．故愚管差異者・聯以朱注其側[左側]．以擬／鄭氏箋而已　于時天文第八仲春　日都護郎在判

[③]右抄・祖父環翠爲童蒙．不依假名遣．如名目點之．／復亦於左點者・逍遙・稱名・二公之説也．被擬鄭氏箋云々．道白拭澁眼染禿筆．奉備進／殿下御前者也．私云 前關白豐臣秀吉公也／旹天正十有三初秋日／清三位入道雪菴道白上

①は、「清三位入道宗尤」（清原宣賢）が天文八年二月に子孫の為に「名目」の如くに加点したことが記されている。

②は、天文八年二月、「日都護郎」（三条西公条《きんえだ》）によるもので、「環翠老人」（清原宣賢）の加点の厳密さを賞賛しながらも、自分の説との「差異」については、当該箇所の左訓として注記した旨を記している。

①②の識語については、諸本、特に、前述加地宏江氏が諸本の分類として示した第二類（天文八年清原家本）の系統本には存在する。

そして、これらに続く形で③の奥書が存する。「清三位入道雪菴道白」（清原枝賢・宣賢―業賢―枝賢）が天正十三年（一五八五）に書写をした旨、また、左点が、「逍遙」（三条西実隆）・「稱名」（三条西公条）の二公の説という、三条西家の家説であることを指摘し、更に、この書写が関白豊臣秀吉への進読のために用意された備進本であることを注記している。豊臣秀吉の関白就任が天正十三年七月であることから、清原枝賢が秀吉の関白就任の折に進読の備えを直ちに行なっていたことが窺われる。この点は、清原枝賢の矜持を示すものと言えるが、枝賢の父である宣賢が有職故実学における清原家学を確立させていたこと、また、当時において枝賢が正親町天皇・後陽成天皇の侍読に任ぜられていたことが、その背景に存するものと思われる。

右の如き点から考えるならば、③の奥書に基づく本文は、単なる備忘や修学の為に作成されたものではなく、清原家としての学問を「ハレ」の場で披露することを目的とした書であることが窺われ、言わば、桃山時代における清原家の有職故実に関わる学問の粋を示す一書として注目できる。また、この点を踏まえ、本文の改訂や加点・注記等についても、右の如き視点から捉えることが必要となる。

なお、ここで注意すべきことは、奥書にある「私云前關白豊臣秀吉公也」の記述である。これは、その前にある「殿下」に対する注記であり、「前関白」との記述から、この注記の行なわれた時期が天正十九年、秀吉が甥の秀次に家督相続の養子として関白職を譲った時期以降であることが知られる。そして、この注記の箇所と奥書並びに本文の字体が同筆であることからすれば、③の奥書自体も本文奥書と考えることが妥当であり、また、現存する

清原枝賢の写本との比較によっても龍谷大学本の字体と同筆とは考え難く、同本を天正十三年清原枝賢写本とする加地氏の説[5]は修正すべきものと考えられ、現時点においては、料紙や字姿等を踏まえて、龍谷大学本の書写時期は、天正十九年から十七世紀初期頃としておくことが穏当と考えられる。そして、白山芳太郎氏によれば、大東急記念文庫蔵の清原枝賢本に、龍谷大学本と同じ清原枝賢の奥書（但し、「前關白豊臣秀吉公也」との私注は存しない）を有し、更には、署名の下に朱印が付されている旨が指摘されており[6]、寧ろ、この大東急記念文庫本が豊臣秀吉備進本に該当し、龍谷大学本はその写しと捉えるべきかと思われる。この点について、大東急記念文庫本を実見する機会を得て、その本文を確認したところ、まさに、大東急記念文庫本が豊臣秀吉備進本であり、龍谷大学本はその写しと判断される。

但し、龍谷大学本の大きな特徴は、『職原抄』の本文として北畠親房による当初の本文の他に一条兼良追加部分が存するとされ、その追加部分である「院廳」・「親王執柄大臣家」～「小書史」の本文とその後に続く天文八年の清原宣賢識語①・日都護郎（三条西公条）識語②とが、本来は、同じ一条兼良追加部分の「正一位」～「少初位」の後に続くところであるにも関わらず、本書末尾に移動されており、結果として、天文八年の清原宣賢識語①と日都護郎（三条西公条）識語②、並びに天正十年清原枝賢識語③とが併記される形となっている。

また、大東急記念文庫本と比較をするならば、前述、「院廳」の前に存する「天武天皇十四年正月丁未朔丁卯更改爵位之号」から「官位相当略頌」・「僧職」・「女官」までの八丁分が、大東急記念文庫本には存しない。

以上の如き点からすれば、龍谷大学本は、天文八年清原家本系統の本文と豊臣秀吉備進本（大東急記念文庫本）の本文とを取り合わせながら書写されたものと考えられる。そして、このような事情に基づいて、龍谷大学本で

は識語が連続し、また、識語を併記することによって、本書の素性、取り合わせ的な事情をも明確に示したものと考えられる。その背景には、前述の如く、本書が関白備進本をも書写しているところから、宣賢の本文を継承しつつも、枝賢の立場から清原家の学問を示す「証本」を作成しようとした意図が存したものと思われる。

尚、龍谷大学本における本文の移動は、慶長勅版や慶長古活字版には継承されず、同本独自の有り様に留まっていることも指摘しておきたい。

最後に、龍谷大学本の訓点についても紹介する。

始めに述べた如く、『職原抄』を言語資料として取り扱う場合、清原宣賢の識語に「依之不依假名使．如名目點之．」とあるように、本文のみならず、その訓点に基づく「故実読み」の存在にも注目すべきものと思われ、龍谷大学本においても「小舎人《コトネリ》」「上達部《カンダチメ》」「華族《クワゾク》」等々、見出し語のみならず、注記部分からも「故実読み」を抽出することができる。そして、同本の本文については前述した如く、基本的に、天文八年清原家本を継承し、清原宣賢の故実読みと三条西家（実隆・公条）の故実読みとを伝えている。

但し、次例の「大輔」においては、龍谷大学本と同じ天文八年本系統の国学院本(7)では「タユウ」とするところを龍谷大学本は「タイフ」とするように、本文と同様、訓点についても枝賢による独自の改変箇所は存する。

大輔《タイフ》《オホヒスケ》（龍谷大学本13丁オ4）　大《タ》《ヲヽイ》｜輔《ユウ》《スケ》（国学院本15丁ウ4）

合わせて、次の「華族」の例の如く、国学院本においては「族」字を「ソク」とするのが宣賢訓、「ショク」とするのが三条西家訓であったものを、龍谷大学本では、両訓並記をしながら、合点によって三条西家訓である「ショク」を採用している。

華族《クワソクノ》《／シヨク》（龍谷大学本40丁オ7）　華族《クワソクノ》《シヨク》（国学院本45丁ウ5）

その一方で、三条西家訓を次の如く省略した例も見出せる。

東宮坊《トウグウバウ》（龍谷大学本39丁ウ3）　東宮坊《トウクウハウ》《ミコノミヤツカサ遊》（国学院本44丁ウ8）

以上のような例の存在は、枝賢の、三条西家訓による清原家訓の点検と相対化に基づく「他家訓の取捨選択」の意識を窺わせるものと考えられ、豊臣秀吉備進本書写を契機とした清原家訓の確立を目指した側面を看取することができる。この点については、次の「成務天皇」の訓「セイム」について「家説」としたところにも窺われる。

成務《セイム》《家説》《シヤウム》天皇（龍谷大学本54丁ウ7）　成《セイ》《シヤウ》-務《ム》天《テン》-皇《ワウ》（国学院本63丁オ2）

以上の如く、中世末期における故実語、特に清原家における家説を知る上で、龍谷大学本を含め、『職原抄』諸本の訓点の意義を知ることができるものと思われる。

そして、この清原家訓とは異なる説として併記される三条西家訓の存在にも注目でき、故実語の生成や異説併存の問題として、それぞれの訓をどのようなものとして位置付けるかが今後の課題となる(8)。

また、更に付言すれば、中世後期における『職原抄』の注釈研究は、京都における清原家がある一方、東国においては足利学校を中心とした教学群の存することが加地氏によって指摘されており(9)、そこにおいては本文自体にも相違の存することが知られ、『職原抄』東西二流の訓読の実態解明も求められるところである。

以上、本解説では国語学的な視点から、訓点本としての『職原抄』に注目できることを指摘しておきたい。

（1）白山芳太郎『職原鈔の基礎的研究』（神道史学会、一九八〇年）。
（2）注（1）文献。
（3）國學院大學貴重書影印叢書『神皇正統紀・職原抄』（大学院六〇周年記念國學院大學影印叢書編集委員会編、朝倉書院、二〇一四年）。
（4）内閣文庫所蔵史籍叢刊 古代中世篇〈第六巻〉『職原抄・吉口伝』（新井重行・高田義人解題、汲古書院、二〇一三年）。
（5）加地宏江『中世歴史叙述の展開――『職原鈔』と後期軍記』吉川弘文館、一九九九年）。
（6）注（1）文献。
（7）注（3）文献。
（8）この問題については、別稿において改めて検討したい。
（9）注（4）文献。

（宇都宮啓吾）

異名盡

（図書番号〇二一―四〇九―一）

龍谷大学大宮図書館蔵『異名盡』（内題には『異名盡幷名字盡』）は意味分類体辞書である（以下、龍谷大学本『異名盡』と呼ぶ）。現時点の調査では孤本である。『異名盡』に計六〇〇語あまりの異名を六二項目に分類して収め、『名字盡』の部分に一三二の名字を収める。その概要は以下の通り。

外　題　左肩後補双辺題簽に墨書「異名盡」
内　題　中央打付墨書（原装か）「異名盡幷名字盡」　右下すみに花押あり
書写年代　延徳三年（一四九一）
冊　数　一冊
装　訂　四つ目袋綴
表　紙　布目　つるばみ色（改装）
法　量　（表紙）二四・六×一七・六センチ
　　（丁数）三一丁（別に前遊紙一丁あり）　（一面）五行
料　紙　楮紙

本文三〇丁のうち、一丁から二三丁まで「異名盡」の語彙を列挙し、その後、二三丁から二六丁まで四丁分の「名字盡」の部分を挿入、さらに二七丁から三〇丁まで四丁分の「異名盡」の記述が続く。三〇丁の最後の行に「延徳参年　菊月七日書寫之刼終了」と書写時期を記し、その右下に内題右下すみと同様の花押がある。三一丁表に

「天文七年二　當寺江善正寄進数帖之内也　常楽寺（花押）」とある。本文は一面に五行、一行に三または四語を列挙することを基本とする。ただし、複数の語が補入されることも多い。基本的に単語のみを列挙し、注はほとんどない。単語のよみが記されるものも少ない。以下、項目を列挙する（番号は『異名盡』の項目のみに付す）。

『異名盡』

1 日異名　2 月異名　3 星異名　4 春之異名　5 夏之異名
6 秋異名　7 冬異名　8 正月之異名　9 二月之異名　10 三月之異名
11 卯月之異名　12 五月之異名　13 六月之異名　14 七月之異名　15 八月之異名
16 九月之異名　17 十月之異名　18 十一月之異名　19 十二月之異名　20 家之異名
21 墨之異名　22 筆之異名　23 硯之異名　24 紙之異名　25 飯之異名
26 酒之異名　27 雨之異名　28 雪之異名　29 灯之異名　30 香炉之異名
31 茶之異名　32 書箱之異名　33 鏡之異名　34 扇之異名　35 枕之異名
36 柱杖之異名　37 馬之異名　38 牛之異名　39 兎之異名　40 猫之異名
41 雞之異名　42 鸖之異名　43 鶯之異名　44 雁之異名　45 燕之異名
46 郭公之異名　47 蟬之異名　48 松之異名　49 橘之異名　50 枇杷之異名
51 柘榴之異名　52 柳之異名　53 瓜之異名　54 夢之異名　55 銭異名
56 支干之異名　57 時之異名

『名字盡』

『異名盡』つづき

58（武衛　典厩　御曹司）　59　四方四角之部　60　親類之部　61　諸職之部　62　京町之部

58は項目名がなく、語彙のみが列挙された項目である。

『異名盡』六二項目中三五項目およびその所収語と『名字盡』の所収語はほぼ『類聚文字抄』（続群書類従本）と重なる。『類聚文字抄』は奥書に「文明十八年八月日書畢　乙夜叉丸」とあり、一四八六年には成立していた意味分類体辞書。以下、比較検討事項を列挙する。

- 「20　家之異名」は『類聚文字抄』第五舎宅部家異名と所収語彙が一致。
- 「21　墨之異名」から「24　紙之異名」までは『類聚文字抄』第十文筆硯料紙幷異名部の筆之異名・硯之異名・紙之異名・墨之異名とほぼ一致。『類聚文字抄』で「硯之異名」に誤ってとられている「厚紙」以下の語のいくつかを「24　紙之異名」に補入している。
- 「27　雨之異名」と「28　雪之異名」は『類聚文字抄』第四降物幷風部付聳の雨異名・雪異名とほぼ一致。
- 「29　灯之異名」と「30　香炉之異名」は『類聚文字抄』第十四嫁娶幷灯焼部の灯之異名・香炉之異名とほぼ一致。
- 「31　茶之異名」以下「57　時之異名」までは、「46　郭公之異名」を除き、『類聚文字抄』第十五諸物異名部の項目名および所収語彙とほぼ一致。『類聚文字抄』に「郭公之異名」の項目はない。また、『類聚文字抄』では、蟬之異名・魚之異名・梅之異名と分類されて収められた語彙が、『異名盡』では、すべて「47　蟬之異名」に入っ

ている。

『名字盡』は『類聚文字抄』第十六名字盡幷氏姓部の名字の部分とほぼ一致する。

特に、『類聚文字抄』第十四嫁娶幷灯焼部の灯之異名・香炉之異名以下第十六名字盡幷氏姓部の巻末氏姓部を除いた部分まで連続して項目・語彙が重なることから、龍谷大学本『異名盡』は主に『類聚文字抄』の異名部および名字部を書き抜いたもの、あるいは、両書が共通して参考にした書物があり、そこから書き抜いたものと思われる。『類聚文字抄』の語彙と龍谷大学本『異名盡』の語彙は重なるものが多いが、よみを記した語やよみの表記については必ずしも一致していない。

次に『類聚文字抄』とあまり関わりがない項目の語彙について考察したい。「8 正月之異名」から「19 十二月之異名」については『撮壌集』上・四時・十二月異名と重なるものが多い。また、「62 京町之部」は『撮壌集』中・京洛部附行旅・洛中条里・横小路・竪小路と一致する。『撮壌集』は飯尾永祥が享徳三年(一四五四)に初学者のために記した意味分類体辞書。「4 春之異名」「5 夏之異名」「6 秋異名」に関しては「青陽」「朱明」「白蔵」がそれぞれ春夏秋の異名と文明十一年(一四七九)本『下学集』に記されている。龍谷大学本『異名盡』は同時代の「異名」に関する記述を収集したものと思われる。

室町時代の人々にとっての異名とは何か、その淵源には詩語が挙げられる。菅原為長(一一五八〜一二四六)による『文鳳抄』は、成立は嘉禎元年(一二三五)頃かとされる。『文鳳抄』は「日・月・星……」等、類書によくみられる部立てを持ち、それぞれの項目に該当する漢語が収められている。収集された語彙は実際に詩文に用いられたり、用いることを念頭におかれたものである。実際にその語を用いた詩文の例や典拠が併記されることもある。

詩作の手引きとして編まれた『文鳳抄』の語彙と『異名盡』の語彙は重なるものもあり、龍谷大学本『異名盡』の編者が詩語を「異名」と捉えていたことが窺える。

龍谷大学本『異名盡』の「1 日異名」「2 月異名」「3 星異名」の語彙は『文鳳抄』第一・天象部の「天」「日」「夕陽」「月」所収の語彙と重なるものがある。「5 夏之異名」「6 秋異名」「7 冬異名」の語彙は『文鳳抄』第二・歳時部の「雑夏」「雑秋」「雑冬」と重なるものがある。「8 正月之異名」から「19 十二月之異名」までの語彙についても『文鳳抄』第二・歳時部と重なるものが多い。前掲文明十一年本『下学集』「夏」の項に「異名朱明《シユメイ》」とあったが、龍谷大学本『異名盡』は「朱明」の語を「5 夏之異名」と「12 五月之異名」に重複して載せる。「朱明」は『文鳳抄』第二・歳時部の「雑夏」に「朱夏朱明　朱律　夏ノ気赤シテ光明アリ。　故ニ云二朱明一フ。」と語源とともに記されている。詩作に用い、典拠のある語を室町時代の人々は異名と捉えていたのであろう。また、十二月の異名は往来物でも多用されるため、重要な語彙であった。

後代、無刊記本ながら、加賀文庫本、国立国会図書館蔵本、慶應義塾大学蔵本、九州大学蔵本等、『袖珍異名集』なる版本が残っている。おそらく江戸時代のものと思われる。その項目・語彙は龍谷大学本『異名盡』と重なる。ただし、項目の総数は二一一、一九一丁におよび、注記も多い。また、上野国勢多郡原之郷村の小農船津家の記録には嘉永三年（一八五〇）に『異名抄』を購入したとあり、江戸時代では「異名」に関する辞書を活用していた様子が窺える（高橋敏『近世村落生活文化史序説——上野国原之郷村の研究——』未來社、一九九〇年）。以上から、龍谷大学本『異名盡』は江戸時代における「異名」辞書の流布に先行した辞書といえる。

龍谷大学本『異名盡』の「名字盡」の部分は名字とそのよみを列挙したものである。所収の名字は、橘忠兼（生

没年未詳）が天養～治承年間（一一四四～一一八一）に補訂を加えて成立した伊呂波四十七文字を単語排列の基準とした国語辞書、『色葉字類抄』（尊経閣文庫蔵三巻本）の「姓氏」部所収の名字と重なるものがある。『色葉字類抄』には「名字」部もあるが、こちらは名前に使う文字を集めているようであり、龍谷大学本『異名盡』が「足利《アシカヽ》」等の人名を収めるのとは編集方針が異なっている。また、龍谷大学本『異名盡』所収の名字は元禄三年（一六九〇）刊の『名字尽』と重なるものも多い。文明本『節用集』態藝門に「名字 又作名乗」とある。のちに嘉永四年（一八五一）に刊行された『増補名乗字彙』のように名字に使う漢字を画数順に排列し、そのよみや異体字を併記する辞書があらわれる。

　龍谷大学本『異名盡』は、のちに江戸時代に刊行され、手元に置き、活用された辞書の原型の一つといえる。

（三宅えり）

名目抄

（図書番号〇二一‐二八四‐一）

『名目抄』（内題には『名目鈔』、以下『名目抄』で統一して記す）は洞院実熙による成立年代未詳の有職故実書である。洞院実熙（一四〇九〜？）[1]は、藤原氏北家閑院流の一つ西園寺家の公経の子実雄（一二一七〜七四）を家祖とする公卿で、左大臣にまで昇ったが、また故実に通じた学者でもあった。本文冒頭の「名目鈔」の下に「東山左府洞院實凞公之撰」とあるが、官職を退いてからは出家して東山に移り住んだので「東山左府」と称された。洞院家は代々故実に詳しく多数の文書記録を保存していた。実熙が『名目抄』を著したのも、まさにそのような家柄だったからだと言えるだろう。

『名目抄』は、現在でも多数の写本・版本が残されている。その中で多数の写本・版本が残されている。龍谷大学大宮図書館蔵本（以下、龍谷大学本）は、洞院実熙の自筆稿本を転写した一本と考えられる菅家本系統に分類される。[2]菅家本系統は、現在のところ尊経閣文庫所蔵の巻子一軸と龍谷大学本の二本である。[3]

最初に、龍谷大学本の概要を記す。書誌的事項は左の通りである。

外　題　「名目抄」（左肩後補題簽）
内　題　「名目鈔」
書写年代　永正一五年（一五一八）
装　訂　四つ目袋綴
表　紙　黄土色表紙

法　量　（表紙）二八・〇×二一・八センチ

（丁数）二〇丁　（一面）一一行二段

料　紙　楮紙

遊紙一丁をはさみ、一丁一行目に「名目鈔　東山左府實凞公之撰」とあり、以下序文が掲げられている。その次の丁から有職故実に関する語彙が篇名に分類され挙げられている。多くの写本・版本の『名目抄』諸本には約六〇〇の語が収録されているというが、龍谷大学本も、今回調査したところ約六〇〇の語が収録されていた。

それらは、

恒例諸公事篇付神事佛事

同臨時篇

私儀篇

諸公事言説篇付私儀

禁中所々名篇

人躰篇

院中篇

雑物篇

衣服篇

喪服篇

文書篇

の篇名に分類されているが、文書篇は篇名のみで語彙は挙げられていない。その後に「大府卿菅和長」の識語がある（なお、「大府卿菅和長」とは、室町時代の公卿で文章博士に任じた東坊城《ひがしぼうじょう》（菅原）和長（一四六〇〜一五三〇））。識語の直後に「祖」「綖」の二字を挙げて注を付している。この部分は著者自筆本の影写（昭和三十年九月）とされる書陵部所蔵東山御文庫本には見られない。

各篇における語は、

手番《テツカヒ》（二オ）

西階《サイカイ》（一〇オ）

のように、漢字で記し、その右側にカタカナでよみかたが付されている。語によっては、

女王禄《ワウロク》　不讀女字例也（二オ）

のように、語の下に割り注で注釈が施されているものもある。

ところで、『名目抄』は、国語学研究においては声点を付した写本がアクセント史や清濁の研究の書として利用されてきた。龍谷大学本には声点は付されていないが、合点と「〇」が朱で加点してあったり、墨で「〇」や「〇〇」「本」が加点してあったりする。識語の大府卿菅和長の署名の上に、朱で「朱点正本無之今私加朱点（以下略）」とある。例えば、龍谷大学本「恒例諸公事篇付神事佛事」の「恒」には朱で「〇」が付され、「付」と「佛」の上には朱の合点が付されている（口絵4・（二オ）参照）。東山御文庫本『名目抄』の同じ箇所は、

恒例諸公事篇　付神事佛事

とあり、点は付されていない。龍谷大学本の同じ丁の「列見《レッケム》」の上には「○○」とあり、上の「○」の横に「本」と記されている。東山御文庫本でも、

○○列見《レッケム》

と、「列見《レッケム》」の上に「○○」があり、龍谷大学本が独自に加点したのではないことがわかる。龍谷大学本の「○○」の横の「本」は龍谷大学本の書写の際、元からあったことを示しているのだろう。同様の例としては、龍谷大学本では「率川祭《イサヤカハノ》」（三オ）、「園幷韓神祭《ソノナラヒカラカミノ》」（同上）の上に付された「/」のような記号の下に「本」とあるのもそれで、東山御文庫本では「/」の記号のみである。また、先に挙げた龍谷大学本の「女王禄《ワウロク》　不讀女字例也」の注釈には「不」と「女」に朱の合点が付されている（口絵4・（二オ）参照）が、やはり、東山御文庫本では、

女王禄《ワウロク》　不讀女字例之

とあり、注釈が後から付されたものではないことがわかるであろう。

次に、注釈の内容について若干見てみる。

録事《ロクシ》　大饗必有也（五オ）
拝舞《ハイム》　舞踏同事也（五オ）
奏《ソウス》レ慶《ケイヲ》　当世ソウケイ云フ名目出来更不知故實可尋事也（四ウ）
還昇《クワンシヨ》　本音ハシヨウ也、而名目ハシヨ、又濁也（四ウ）
新院《シム井ム》　是モニムト可有也連声（一二ウ）

のように（それぞれ「大」「舞」に合点。東山御文庫本にもあり）、語の内容についての注釈が付されている場合もあるが、

のように、故実における読みかたを示している注釈も見られるのである（それぞれ「当」「本」「是」に合点。東山御文庫本にもあり）。語数は多くはないが、注目される記述であろう。

龍谷大学本と東山御文庫本とを、「恒例諸公事篇付神事佛事」を中心に比較してみると、本文はほぼ同じである。この傾向は全体を通しても見られる。そのような点で龍谷大学本は、『名目抄』の元の姿を知るための貴重な本であると評価できる。

かつて『名目抄』について、佐藤喜代治編『国語学研究事典』（明治書院、一九七七年）は「行幸」「調度」を例に挙げて、「古語の研究の参考資料になる」としつつも、『色葉字類抄』と比較して「時代の差を考慮する必要がある。本書は異本によって清濁の区別などに異同があり、利用には注意が必要である」と述べた。個々の事例に慎重に吟味しつつも、今後、語彙史の研究資料として更に活用されることが期待されるところである。また、三宅えり[4]が指摘したように、有職故実文化受容の研究のためにも『名目抄』は重要である。

上野和昭は、近世以降の『名目抄』の校合に菅家本を使用することが多かったと指摘[5]しているが、菅家本系統が二本しか残されていないことを併せて考えると、龍谷大学本『名目抄』は研究の意義のある文献といえる。

（1）実熙の没年については従来不明とされてきたが、小川剛生「高松宮家伝来の禁裏文書について――室町後期より江戸前期にいたる「官庫」の遺物として――」（『中世近世の禁裏の蔵書と古典学の研究―高松宮家伝来禁裏本を中心として――』研究プロジェクト『中世近世の禁裏の蔵書と古典学の研究――高松宮家伝来禁裏本を中心として――研究調査報告書1（平成一八年度）』一六頁、及び注15。二〇〇七年）は一四五九年としている。

（2）上野和昭「名目鈔諸本の系統について」（『国語学研究と資料　一六』早稲田大学大学院文学研究科紀要第三分冊、一九九二年）。

（3）注（2）に同じ。

（4）余田弘実・三宅えりほか「龍谷大学大宮図書館蔵中世国語資料の研究――『名目抄』「恒例諸公事付神事佛事」について――」（『龍谷大学佛教文化研究所紀要　五四』、二〇一六年）三宅担当分。

（5）注（2）に同じ。

（余田弘実）